## HISTÓRIA

**Alexandre Alves**
Doutor em História pela Universidade de São Paulo (USP)
Autor-colaborador de coleções didáticas do Ensino Fundamental I e II e do Ensino Médio

**Letícia Fagundes de Oliveira**
Mestre em História Social pela Universidade de São Paulo (USP)
Autora-colaboradora de coleções didáticas do Ensino Fundamental I e II e do Ensino Médio
Coordenadora de projetos da Fundação Arquivo e Memória de Santos

**Regina Nogueira Borella**
Formada em Psicologia pela Pontifícia Universidade Católica de São Paulo (PUC-SP)
Coordenadora educacional e pedagógica de Educação Infantil e Ensino Fundamental I

ENSINO FUNDAMENTAL **3º ANO**

ISBN 978-85-02-07444-6
ISBN 978-85-02-07445-3 (Livro do Professor)

**Projeto Prosa História (Ensino Fundamental) – 3º ano**
© Alexandre Alves, Letícia Fagundes de Oliveira, Regina Nogueira Borella, 2008
Direitos desta edição:
SARAIVA S. A. – Livreiros Editores, São Paulo, 2008
Todos os direitos reservados

| | |
|---|---|
| **Gerente editorial** | Marcelo Arantes |
| **Editor** | Silvana Rossi Júlio |
| **Assistente editorial** | Simone D' Alevedo e Mirian Martins Pereira |
| **Coordenador de revisão** | Camila Christi Gazzani |
| **Revisores** | Lucia Scoss Nicolai (enc.), Elaine A. Pinto, Rafael Varela, Renata Palermo |
| **Assistente de produção editorial** | Rachel Lopes Corradini |
| **Pesquisa iconográfica** | Iron Mantovanello |
| **Gerente de arte** | Nair de Medeiros Barbosa |
| **Coordenador de arte** | Vagner Castro dos Santos |
| **Assistente de produção** | Grace Alves |
| **Projeto gráfico e capa** | Homem de Melo & Troia Design |
| | Pião colorido feito de metal e plástico. |
| **Foto de capa** | Jupiter Unlimited/Other Images |
| **Ilustrações** | Bruna Brito, Getulio Delphin, Marilia Pirillo, Roberto Weigand, Rodval Matias |
| **Diagramação** | Alexandre Silva, Francisco Augusto da Costa Filho |
| **Impressão e Acabamento** | EGB - Editora Gráfica Bernardi - Ltda. |

**Dados Internacionais de Catalogação na Publicação (CIP)**
**(Câmara Brasileira do Livro, SP, Brasil)**

Alves, Alexandre
    Projeto Prosa : história, ensino fundamental, 3º ano / Alexandre Alves, Letícia Fagundes de Oliveira, Regina Nogueira Borella. – 1. ed. – São Paulo : Saraiva, 2008.

Suplementado por manual do professor.
ISBN 978-85-02-07444-6 (aluno)
ISBN 978-85-02-07445-3 (professor)

    1. História (Ensino fundamental) I. Oliveira, Letícia Fagundes de. II. Borella, Regina Nogueira. III. Título.

08-07965                                                        CDD-372.89

Índices para catálogo sistemático:
1. História : Ensino fundamental      372.89

Impresso no Brasil
4   5   6   7   8   9   10

Esta obra está em conformidade com as novas regras do Acordo Ortográfico da Língua Portuguesa, assinado em Lisboa, em 16 de dezembro de 1990, e aprovado pelo Decreto Legislativo nº 54, de 18 de abril de 1995, publicado no *Diário Oficial da União* em 20/04/1995 (Seção I, p. 5585).

O material de publicidade e propaganda reproduzido nesta obra está sendo utilizado apenas para fins didáticos, não representando qualquer tipo de recomendação de produtos ou empresas por parte do(s) autor(es) e da editora.

2010

R. Henrique Schaumann, 270 – CEP 05413-010 – Pinheiros – São Paulo-SP
Tel.: PABX (0**11) 3613-3000 – Fax: (0**11) 3611-3308
Televendas: (0**11) 3616-3666 – Fax Vendas: (0**11) 3611-3268
Atendimento ao professor: (0**11) 3613-3030 Grande São Paulo – 0800-0117875 Demais localidades
Endereço Internet: www.editorasaraiva.com.br – E-mail: atendprof.didatico@editorasaraiva.com.br

# Conheça a organização do seu livro

UNIDADE 8

Trabalho e lazer

IMAGEM E CONTEXTO

1. A imagem representa um teatro mambembe, que vai de cidade em cidade, levando o cenário, o figurino, entre outros elementos. Você já ouviu falar desse tipo de teatro? Conte aos colegas como imagina que ele é.
2. Muitos profissionais são necessários para uma peça de teatro ser apresentada. Que outros profissionais de teatro você conhece?
3. Cite trabalhadores que atuam para oferecer lazer e diversão às pessoas em outras áreas.

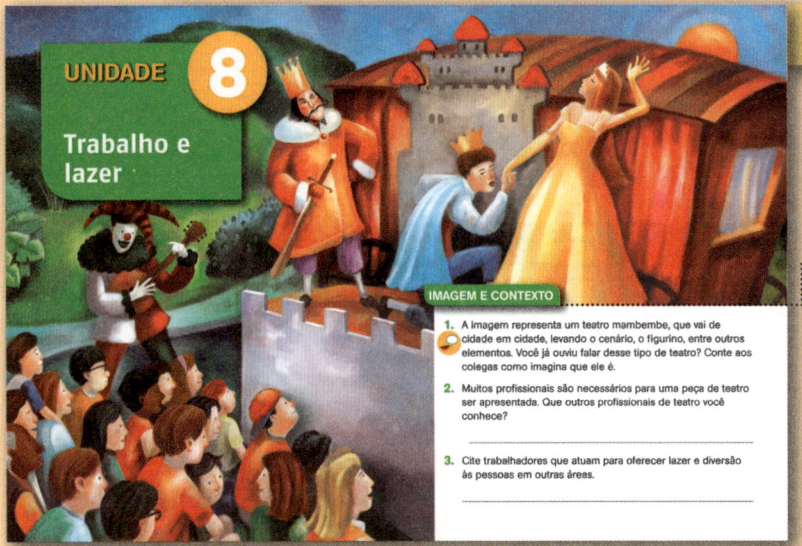

## Unidades

Seu livro tem oito unidades. As aberturas das unidades trazem imagens que introduzem o trabalho a ser desenvolvido.

Na seção **IMAGEM E CONTEXTO** você vai ser convidado a observar os elementos da imagem e relacioná-los com seus conhecimentos sobre o tema ou com o seu dia-a-dia.

## Capítulos

Cada unidade é dividida em dois capítulos, que exploram e desenvolvem os conteúdos e conceitos estudados.

Cada capítulo é composto de seções. Em cada seção você desenvolve atividades variadas, escritas e orais, ou em dupla com um colega ou em grupo.

CAPÍTULO 1

A comunicação é universal

A comunicação é uma necessidade humana. Ela favorece as relações humanas. Por meio da comunicação, as pessoas podem, por exemplo, aprender, trocar informações, conhecer pessoas, discutir problemas coletivos.

Existem diferentes formas de comunicação: conversar, escrever uma carta e ler um livro são alguns exemplos.

O desenvolvimento da tecnologia diminuiu a distância entre as pessoas e facilitou a circulação de informações. Alguns exemplos de meios de comunicação que utilizam tecnologia são o rádio, o cinema, a televisão e a internet.

Os deficientes auditivos comunicam-se pelo sistema libras.

A televisão comunica informações imediatamente.

Os livros comunicam novos conhecimentos.

A internet permite receber e enviar informações e mensagens diretamente.

70

1. Você costuma utilizar algum tipo de comunicação tecnológica no dia-a-dia? Qual? Conte aos colegas e ao professor.
2. Circule no texto da página anterior a forma de comunicação mais antiga.
3. Reúna-se com um colega. Cada um escolherá um filme e, apenas por meio de mímica (sem utilizar a fala), deverá comunicar ao outro o nome do filme que escolheu. Depois, responda às perguntas.

a) Qual é o nome do filme escolhido por você?

b) Pinte de amarelo a etiqueta em que está escrito o tipo de linguagem que você utilizou para transmitir sua mensagem.

oral | gestual | musical

c) Seu colega descobriu o significado da sua mensagem?

Sim. | Não.

4. **Libras** e **braille** são sistemas de comunicação usados por e para pessoas com deficiência física.

• Faça uma pesquisa e descubra como esses sistemas contribuem para a vida de quem os usa.

Os deficientes visuais usam a ponta dos dedos para ler textos escritos em braille.

71

Gente que faz!

Um pedaço da cidade

Os bairros também têm história. Existem bairros muito antigos e tradicionais que às vezes mudam de nome ao longo do tempo. Há também bairros que surgiram há menos tempo. Outros podem estar em construção neste momento.

Podemos perceber que a paisagem dos bairros se modifica com o tempo. Algumas construções são conservadas, há aquelas que são demolidas, outras são construídas...

Por isso é possível haver em um bairro ruas, casas, edifícios, parques e praças, por exemplo, construídos em épocas diferentes.

1 A avenida Osvaldo Aranha, em Porto Alegre, Rio Grande do Sul, em fotografia de 1960.

2 A avenida Osvaldo Aranha, em Porto Alegre, Rio Grande do Sul, em 2007.

18

1. Marque com V as frases verdadeiras.

É comum existirem nos bairros, além de moradias, espaços públicos, como praças e bibliotecas.

Todos os bairros brasileiros têm os seguintes serviços públicos: água encanada e energia elétrica.

Nos bairros antigos, existem apenas construções antigas.

Existem construções antigas que, pelo valor histórico que possuem, não podem ser destruídas ou modificadas, ou seja, têm de ser preservadas.

2. Façam uma lista com os nomes de alguns bairros do município onde vocês vivem. Depois:

• escolham um dos bairros com construções antigas e modernas;
• pesquisem (em livros, jornais, revistas e na internet) imagens desse bairro em que seja possível ver tais construções;
• montem um cartaz com as imagens encontradas e exponham o trabalho na sala de aula.

SUGESTÃO DE LEITURA

Tot, de Marcelo Xavier, Formato.

19

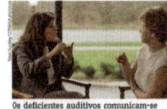

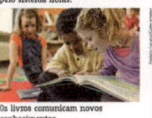

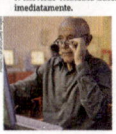

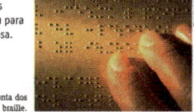

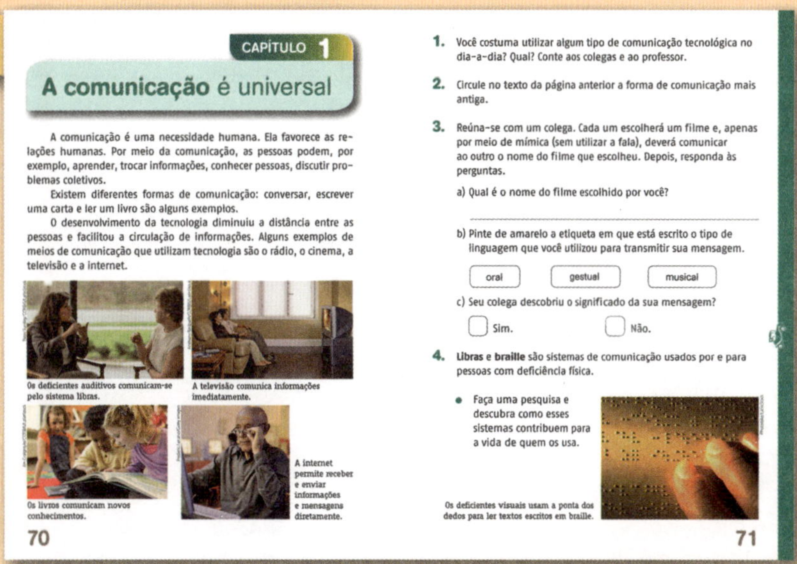

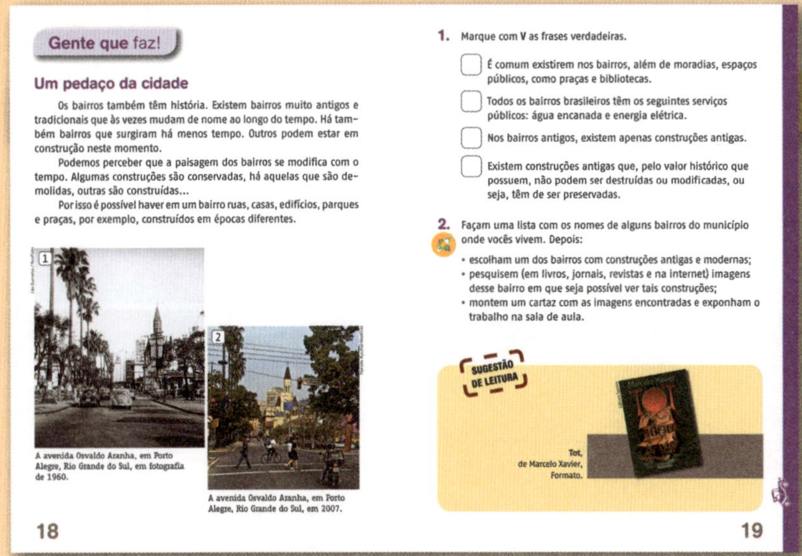

## Gente que faz!

Nesta seção, os textos, as imagens e as atividades foram planejados de forma a permitir que você conheça alguns procedimentos que caracterizam o trabalho do historiador.

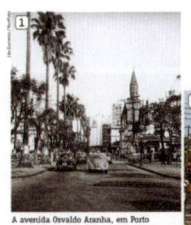

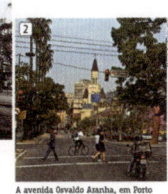

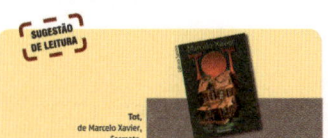

# Conheça a organização do seu livro

## Rede de Ideias

As atividades propostas vão ajudá-lo a retomar as principais ideias do que você trabalhou na unidade.

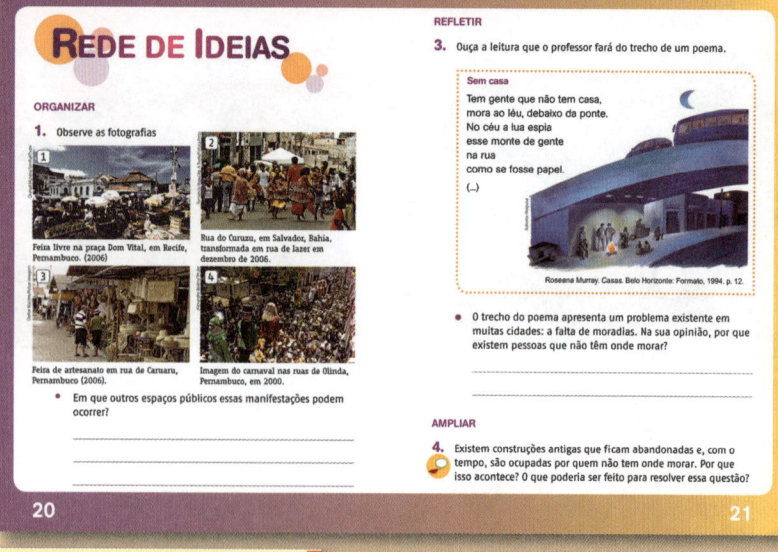

## Convivência

Quatro das oito unidades terminam com esta seção. É o momento de refletir sobre valores e atitudes que vão contribuir para você se tornar um cidadão consciente e participante.

## Organizadores

Ao longo do livro você vai ser convidado a realizar várias atividades. Em algumas delas, fique atento para as orientações com ícones.

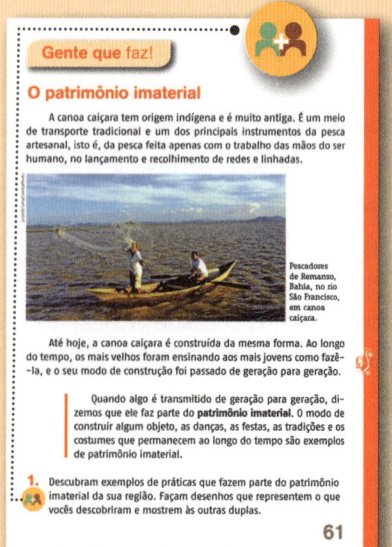

Conheça os significados dos ícones

 atividade oral

 atividade em dupla

 atividade em grupo

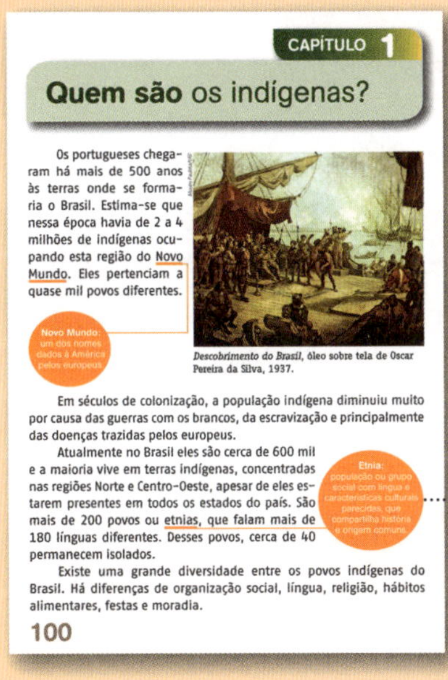

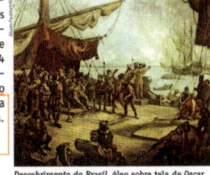

CAPÍTULO 1

Quem são os indígenas?

Os portugueses chegaram há mais de 500 anos às terras onde se formaria o Brasil. Estima-se que nessa época havia de 2 a 4 milhões de indígenas ocupando esta região do Novo Mundo. Eles pertenciam a quase mil povos diferentes.

Novo Mundo: um dos nomes dados à América pelos europeus.

*Descobrimento do Brasil*, óleo sobre tela de Oscar Pereira da Silva, 1937.

Em séculos de colonização, a população indígena diminuiu muito por causa das guerras com os brancos, da escravização e principalmente das doenças trazidas pelos europeus.

Atualmente no Brasil eles são cerca de 600 mil e a maioria vive em terras indígenas, concentradas nas regiões Norte e Centro-Oeste, apesar de eles estarem presentes em todos os estados do país. São mais de 200 povos ou etnias, que falam mais de 180 línguas diferentes. Desses povos, cerca de 40 permanecem isolados.

Existe uma grande diversidade entre os povos indígenas do Brasil. Há diferenças de organização social, língua, religião, hábitos alimentares, festas e moradia.

Etnia: população ou grupo social com língua e características culturais parecidas, que compartilha história e origem comuns.

100

**Etnia:**
população ou grupo social com língua e características culturais parecidas, que compartilha história e origem comuns.

## Glossário:

Nos capítulos, alguns termos e expressões mais complexos são definidos ao lado do texto correspondente, a fim de facilitar a leitura e a compreensão.

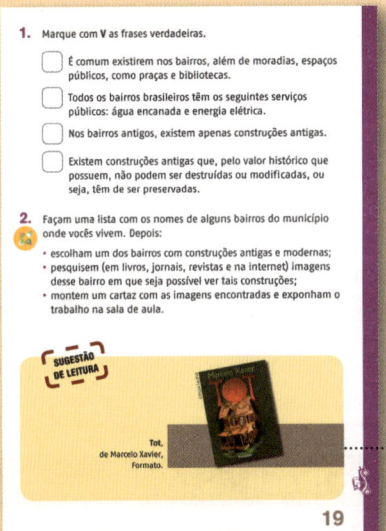

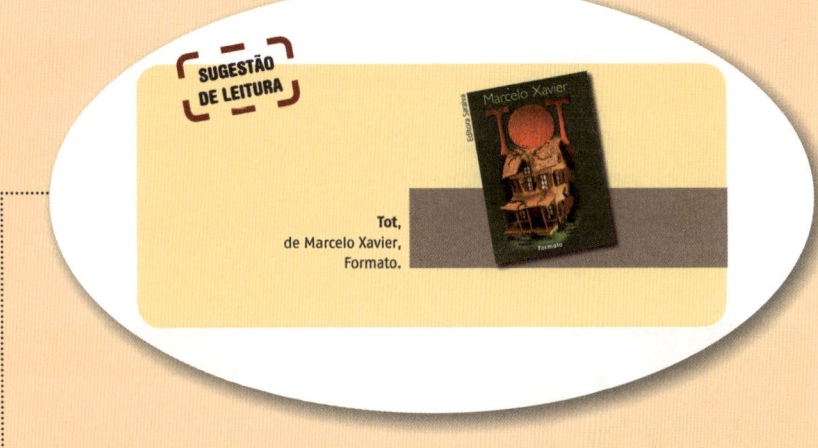

1. Marque com V as frases verdadeiras.

- ( ) É comum existirem nos bairros, além de moradias, espaços públicos, como praças e bibliotecas.
- ( ) Todos os bairros brasileiros têm os seguintes serviços públicos: água encanada e energia elétrica.
- ( ) Nos bairros antigos, existem apenas construções antigas.
- ( ) Existem construções antigas que, pelo valor histórico que possuem, não podem ser destruídas ou modificadas, ou seja, têm de ser preservadas.

2. Façam uma lista com os nomes de alguns bairros do município onde vocês vivem. Depois:
- escolham um dos bairros com construções antigas e modernas;
- pesquisem (em livros, jornais, revistas e na internet) imagens desse bairro em que seja possível ver tais construções;
- montem um cartaz com as imagens encontradas e exponham o trabalho na sala de aula.

SUGESTÃO DE LEITURA

Tot, de Marcelo Xavier, Formato.

19

## Sugestão de leitura:

As unidades trazem sugestões de leitura, com a indicação de livros que permitem enriquecer os assuntos abordados.

A comunicação impressa

Livros, jornais e revistas são **meios de comunicação impressa** que servem para informar, divertir ou pesquisar.

O jornal é um dos meios de comunicação mais importantes.

No Brasil, os primeiros jornais foram criados em 1808, após a chegada da família real. Eles se chamavam *Correio Braziliense* e *Gazeta do Rio de Janeiro*.



Capa da primeira edição do jornal *Correio Braziliense*, de junho de 1808. Era impresso em Londres, mas tinha circulação no Brasil.

Capa da primeira edição do jornal *Gazeta do Rio de Janeiro*, em 10 de setembro de 1808.

72

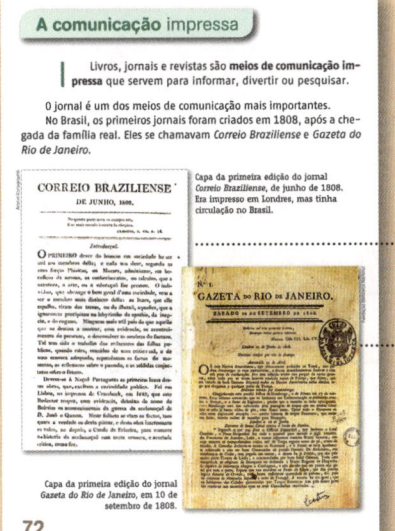

## Fontes e testemunhos históricos:

Ao longo de todo o livro você vai entrar em contato com muitas fontes e testemunhos históricos: mapas, fotografias, depoimentos, objetos (cultura material), trechos de relatos de viagem, de artigos de jornais e revistas, além de obras de escritores, especialistas e historiadores.

# Sumário

## Unidade 1 — O lugar onde eu moro — 08

1. **Moradias de ontem e de hoje** .................... 10
   - Modelos de construções históricas .................... 12

2. **Ruas e bairros** .................... 16
   - Gente que faz! Um pedaço da cidade .................... 18
   - Rede de Ideias .................... 20

## Unidade 2 — Vivendo nas cidades — 22

1. **As cidades** .................... 24
   - Gente que faz!
   - Paraty: entreposto comercial .................... 26
   - São Paulo: de vila a metrópole .................... 27

2. **Trabalhando na cidade** .................... 28
   - Profissões antigas e atuais .................... 30
   - Rede de Ideias .................... 34
   - Convivência
   - Cartas de reclamação .................... 36

## Unidade 3 — Como as cidades se desenvolvem? — 38

1. **A formação das cidades** .................... 40
   - As mudanças nas cidades .................... 42
   - Gente que faz!
   - Fortes e fortalezas .................... 44

2. **A primeira vila e a primeira capital do Brasil** .................... 46
   - São Vicente: a primeira vila .................... 46
   - Salvador: a primeira capital do Brasil .................... 48
   - Rede de Ideias .................... 50

## Unidade 4 — Ligando os lugares — 52

1. **Meios de transporte: passado e presente por terra** .................... 54
   - Tropas e tropeiros .................... 54
   - A chegada da ferrovia .................... 56
   - O transporte rodoviário .................... 58

2. **Meios de transporte: pelas águas e pelos ares** .................... 60
   - Embarcações tradicionais .................... 60
   - Gente que faz!
   - Patrimônio imaterial .................... 61
   - O transporte pelos ares .................... 62
   - Rede de Ideias .................... 64
   - Convivência
   - Segurança no trânsito .................... 66

## Unidade 5 — O universo da comunicação — 68

1. **A comunicação é universal** .................................................. 70
   - A comunicação impressa ...................................................... 72
2. **Outros meios de comunicação** ............................................ 74
   - Rádio ................................................................................. 74

**Gente que faz!**
Linha do tempo .......................................................................... 76
   - Televisão: do preto-e-branco ao colorido ............................... 78
   - Internet: o mundo conectado ................................................ 79

**Rede de Ideias** ....................................................................... 80

## Unidade 6 — O cotidiano do trabalho — 82

1. **Trabalho e escravidão** ........................................................ 84
   - O trabalho escravo .............................................................. 84
   - O trabalho no engenho de açúcar ......................................... 86
   - O trabalho da mulher branca ................................................ 88
   - O trabalho das negra escravas e das libertas ........................ 88
2. **O trabalho nas fábricas** ...................................................... 90
   - O trabalho infantil nas fábricas ............................................. 92

**Gente que faz!**
Memória oral .............................................................................. 93

**Rede de Ideias** ....................................................................... 94
**Convivência**
Voluntariado ............................................................................... 96

## Unidade 7 — O trabalho indígena — 98

1. **Quem são os indígenas?** .................................................. 100
   - O trabalho indígena ........................................................... 102
2. **O dia-a-dia em uma aldeia indígena** ................................. 106
   - O casamento entre os Bororo ............................................. 108

**Gente que faz!**
Diversidade cultural ................................................................. 109

**Rede de Ideias** ..................................................................... 110

## Unidade 8 — Trabalho e lazer — 112

1. **É hora de se divertir** ........................................................ 114
   - O circo é muito antigo ....................................................... 116

**Gente que faz!**
Os palhaços ............................................................................. 117

2. **É hora de trabalhar e de sonhar** ...................................... 118
   - O teatro de bonecos .......................................................... 118
   - O mamulengo .................................................................... 120
   - O escritor: inventor de histórias ......................................... 122

**Rede de Ideias** ..................................................................... 124
**Convivência**
Teatro de bonecos ................................................................... 126

# UNIDADE 1

## O lugar onde eu moro

Vista de Recife, Pernambuco, com o centro histórico em primeiro plano.

## IMAGEM E CONTEXTO

1. Assinale que tipo de construções aparece nos trechos em destaque na fotografia.

    ☐ moderno                ☐ antigo

2. Escolha e descreva para um colega uma construção moderna da fotografia para que ele descubra qual é.

3. Você conhece o centro da cidade onde mora? Como ele é?

    _____

4. Na sua opinião, por que há muitas cidades em que as regiões centrais são formadas por construções antigas?

## CAPÍTULO 1

# Moradias de ontem e de hoje

Pense em diferentes tipos de moradia. Depois, observe as fotografias e leia o texto com o professor.

Casa de madeira localizada em Parintins, Amazonas, 2001.

Casa de arquitetura colonial do século XIX, na Chapada Diamantina, Bahia.

Fachada de um edifício em Goiânia, Goiás, 2006.

Contam que antigamente os homens moravam em cavernas.

Mas os tempos mudaram, e hoje em dia tem casa de tantos jeitos diferentes, não é mesmo? Por exemplo, tem gente que mora em edifício.

Mas tem gente que mora em casa de verdade. Aí a casa pode ser de um monte de tipos. Pode ser uma casa de barro, de alvenaria...

Pode ser uma casa pré-fabricada, ou uma casa de pau-a-pique. Quem sabe até uma casa de madeira, ou de pedra, ou de palha, tipo choupana.

Também tem aquela casa que fica no tijolo, e nunca é terminada. Será por quê?

Anna Claudia Ramos e Ana Raquel. *Casa*. Belo Horizonte: Formato, 2000. p. 6.

**1.** Observe as fotografias da página anterior.

a) Copie a legenda da fotografia que mostra a moradia mais antiga.

_____

_____

b) Na sua opinião, os tipos de moradia das fotografias podem existir em uma mesma região? Por quê?

_____

_____

**2.** Observando a região onde você vive, escreva sobre os tipos de moradia que existem nela.

_____

_____

_____

_____

**3.** Desenhe dentro da moldura uma moradia da região onde você vive que chame sua atenção.

# Modelos de construções históricas

## O sobrado colonial

Um tipo de habitação comum nas cidades do Brasil colonial eram os sobrados, conhecidos como "casas de porta e janela".

**Colonial:** período da história do Brasil que vai de 1500 a 1822, ano da Proclamação da Independência do país.

Esses sobrados eram construídos um ao lado do outro e no alinhamento das ruas.

Além das janelas altas, havia também uma sacada, de onde as pessoas podiam observar o movimento na rua.

Existiam diversos tipos de janelas e fachadas. Quanto mais rica a família, mais enfeitadas e coloridas elas eram.

O andar de baixo era usado como cozinha, estábulo, depósito, cocheira e área de serviços.

**Alcova:** quarto.

Já no andar superior ficava a sala de visitas (de onde era possível ver a rua), as salas de convívio doméstico e as alcovas.

Em cidades como Recife, São Luís e Ouro Preto, muitas dessas casas coloniais foram preservadas e podem ser visitadas.

Sobrados de arquitetura colonial do século XVIII, na cidade de Cachoeira, Bahia (2007).

**1.** Na região onde você mora, há moradias parecidas com os sobrados coloniais? Onde elas estão localizadas?

**2.** Que partes dos sobrados coloniais refletiam o poder econômico de seus moradores?

_____

**3.** Complete o quadro.

|  | Sobrados coloniais | Sobrados atuais |
|---|---|---|
| **Andar de cima** | | |
| **Andar de baixo** | | |

**4.** No texto sobre os sobrados coloniais não foi citado um cômodo que existe atualmente em quase todas as moradias.

a) Escreva o nome dele. _____

b) Na sua opinião, por que esse cômodo não existia nas moradias daquela época?

_____

_____

_____

## A casa de taipa

Antes dos primeiros sobrados coloniais, logo após a chegada dos portugueses ao Brasil (ocorrida no ano de 1500), as casas construídas nessas terras eram feitas com barro socado e madeira.

> Essa técnica de construção é conhecida como **taipa de pilão**: para formar as paredes da casa, o barro é socado com um pilão dentro de uma armação de madeira.

Esse tipo de moradia é resistente, fácil de construir e de baixo custo. Por isso ainda é construído em algumas regiões do Brasil.

Taipa de pilão

A capela do Morumbi, na cidade de São Paulo, construída em cerca de 1825, expõe a taipa em suas paredes. Fotografia de 1997.

## A moradia indígena

Muito antes da chegada dos portugueses em 1500, os povos indígenas já viviam nas terras que iriam formar o Brasil. Atualmente há diferentes povos vivendo em todas as regiões do país. Suas moradias variam conforme os costumes de cada um.

A arquitetura das casas [indígenas] e o formato das aldeias variam muito. Em diversos povos, como os Kamayurá do Alto Xingu, as habitações ovais, com duas portas apenas, são fechadas e escuras para proteger os habitantes do sol e da chuva. Em apenas uma casa chegam a morar 25 pessoas: vários irmãos homens com suas esposas e filhos. O conjunto delas forma uma aldeia circular, com um grande pátio central.

Fernando Portela e Betty Mindlin. *A questão do índio*.
São Paulo: Ática, 2004. p. 39.

Aldeia dos Kalapalo, no Parque Indígena do Xingu, Mato Grosso (2006).

**1.** Complete a frase usando as palavras **antes** e **depois**.

_____ da chegada dos portugueses ao Brasil em 1500, foram construídas as primeiras casas de taipa. Sua construção começou _____ da dos sobrados coloniais.

**2.** Leia a legenda e pinte os quadrinhos de acordo com o texto.

🟦 Moradia indígena     🟥 Casa de taipa

☐ Habitações fechadas e escuras, ovais e com duas portas.

☐ Moradia resistente, de baixo custo, feita de barro e madeira.

15

# CAPÍTULO 2

# Ruas e bairros

> A moradia de cada pessoa é um **espaço privado**, ou seja, particular.
>
> Já as ruas, avenidas e praças são **espaços públicos**, pois nelas todos têm o direito de ir e vir livremente.

Além de servir como lugares de passagem, as ruas podem ser espaço para outras atividades coletivas, como: feiras livres, passeatas, desfiles ou paradas, protestos e festas populares.

Leia como o senhor Amadeu (nascido em 1906) descreveu um pouco da rua em que ele morava quando era criança.

(...) Na frente da casa passavam os vendedores de castanha, cantarolando. E o *pizzaiolo* com latas enormes (...). As crianças iam atrás. A rua não tinha calçada. Elas ficavam à vontade naquelas ruas antigas. Eram ruas de lazer, porque não tinham movimento, e crianças tinha demais. Em São Paulo, nos terrenos baldios grandes, sempre se faziam parques para a meninada. Meus irmãos jogavam futebol na rua. (...)

Ecléa Bosi. *Memória e sociedade – Lembranças de velhos*. São Paulo: Companhia das Letras, 2006. p. 125.

Arquivo do Jornal *O Estado de S. Paulo*

Crianças posam para fotografia junto a um vendedor ambulante, em rua de São Paulo, na década de 1910.

**1.** Complete as colunas da tabela com as informações adequadas. Veja os exemplos.

| Atividade | Rua ou moradia | Espaço público ou espaço privado |
|---|---|---|
| Jogar bola com os colegas. | rua | espaço público |
| Empinar pipa. | | |
| Assistir à televisão. | moradia | |
| Andar de bicicleta. | | |
| Jantar com a família. | | espaço privado |
| Fazer as atividades escolares. | | |

**2.** Observe duas fotografias da rua dos Andradas, em Porto Alegre, Rio Grande do Sul, tiradas em épocas diferentes.

A rua dos Andradas em cerca de 1905.

A mesma rua dos Andradas, pelo mesmo ângulo, em 2008.

- Quais são as diferenças e as semelhanças entre as duas fotografias? Para responder, observe os seguintes itens:

  ( movimento de pessoas )  ( construções )  ( meios de transporte )

  _____

  _____

17

## Gente que faz!

### Um pedaço da cidade

Os bairros também têm história. Existem bairros muito antigos e tradicionais que às vezes mudam de nome ao longo do tempo. Há também bairros que surgiram há menos tempo. Outros podem estar em construção neste momento.

Podemos perceber que a paisagem dos bairros se modifica com o tempo. Algumas construções são conservadas, há aquelas que são demolidas, outras são construídas...

Por isso é possível haver em um bairro ruas, casas, edifícios, parques e praças, por exemplo, construídos em épocas diferentes.

A avenida Osvaldo Aranha, em Porto Alegre, Rio Grande do Sul, em fotografia de 1960.

A avenida Osvaldo Aranha, em Porto Alegre, Rio Grande do Sul, em 2007.

**1.** Marque com **V** as frases verdadeiras.

☐ É comum existirem nos bairros, além de moradias, espaços públicos, como praças e bibliotecas.

☐ Todos os bairros brasileiros têm os seguintes serviços públicos: água encanada e energia elétrica.

☐ Nos bairros antigos, existem apenas construções antigas.

☐ Existem construções antigas que, pelo valor histórico que possuem, não podem ser destruídas ou modificadas, ou seja, têm de ser preservadas.

**2.**  Façam uma lista com os nomes de alguns bairros do município onde vocês vivem. Depois:

- escolham um dos bairros com construções antigas e modernas;
- pesquisem (em livros, jornais, revistas e na internet) imagens desse bairro em que seja possível ver tais construções;
- montem um cartaz com as imagens encontradas e exponham o trabalho na sala de aula.

**Tot**, de Marcelo Xavier, Formato.

# Rede de Ideias

**ORGANIZAR**

**1.** Observe as fotografias.

Feira livre na praça Dom Vital, em Recife, Pernambuco. (2006)

Rua do Curuzu, em Salvador, Bahia, transformada em rua de lazer em dezembro de 2006.

Feira de artesanato em rua de Caruaru, Pernambuco (2006).

Imagem do carnaval nas ruas de Olinda, Pernambuco, em 2000.

- Em que outros espaços públicos essas manifestações podem ocorrer?

_____
_____
_____

## REFLETIR

**3.** Ouça a leitura que o professor fará do trecho de um poema.

**Sem casa**

Tem gente que não tem casa,
mora ao léu, debaixo da ponte.
No céu a lua espia
esse monte de gente
na rua
como se fosse papel.

(...)

Roseana Murray. *Casas*. Belo Horizonte: Formato, 1994. p. 12.

- O trecho do poema apresenta um problema existente em muitas cidades: a falta de moradias. Na sua opinião, por que existem pessoas que não têm onde morar?

_____

_____

## AMPLIAR

**4.** Existem construções antigas que ficam abandonadas e, com o tempo, são ocupadas por quem não tem onde morar. Por que isso acontece? O que poderia ser feito para resolver essa questão?

**21**

# UNIDADE 2

## Vivendo nas cidades

1950

1900

Getúlio Delphim

## IMAGEM E CONTEXTO

**1.** As três imagens são da mesma região? Em quais elementos você se baseou para responder?

**2.** Complete a frase com a opção adequada.

| antes de 1900 | em 1900 | depois de 1900 |

A cidade representada na ilustração começou a ser construída _____

**3.** Na sua opinião, as mudanças na cidade trouxeram benefícios para as pessoas que vivem nela? Quais?

## CAPÍTULO 1

# As cidades

Atualmente, mais da metade da população mundial vive nas cidades. Entre elas estão Rio de Janeiro, São Paulo e Salvador (no Brasil), Nova York (nos Estados Unidos), Paris (na França), Tóquio (no Japão), Toronto (no Canadá) e Cidade do Cabo (na África do Sul).

As pessoas que vivem nas cidades encontram diversas opções de trabalho, diversão, convivência e serviços.

Muitas cidades se parecem, pois oferecem uma estrutura de serviços semelhante, como meios de transporte, de comunicação e lazer. Mas também são diferentes, pois cada uma se identifica por sua história e seu cotidiano.

As cidades também podem ser mais conhecidas por uma função específica, como lazer, turismo e serviços, ou por uma característica histórica ou geográfica.

Olinda (em Pernambuco) e Ouro Preto (em Minas Gerais), por exemplo, são reconhecidas como cidades históricas. Já Fortaleza (no Ceará) e Porto Seguro (na Bahia), como turísticas.

Rua do centro histórico de Olinda, Pernambuco (2001).

Praia de Trancoso, em Porto Seguro, Bahia (2007).

**1.** Se uma cidade é conhecida como histórica, significa que ela não oferece opções para o turismo nem serviços variados?

**2.** A cidade onde você vive tem alguma função ou característica que se destaca? Qual?

________________________________________________

**3.** Escreva em cada quadrinho o número da fotografia com as características correspondentes.

Carolina Farias/Folha Imagem

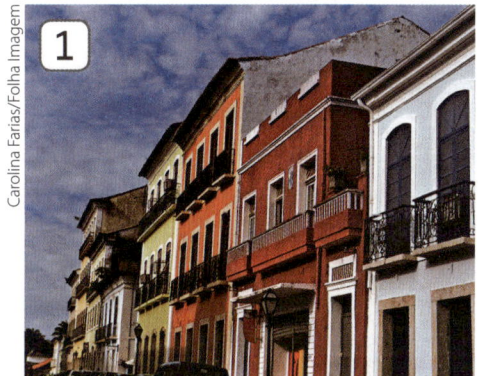

[ ] A cidade possui: natureza exuberante, indústrias de alta tecnologia e construções de um passado glorioso.

Casarões restaurados no centro histórico de São Luís, Maranhão.

Marcello Lourenço/NextFoto

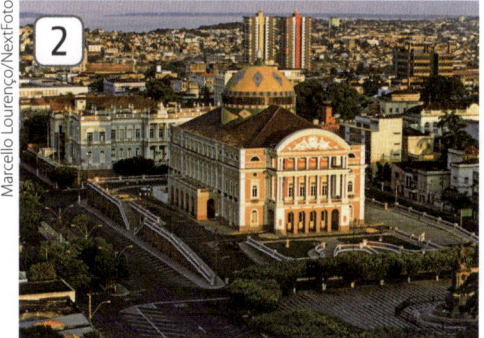

[ ] As casas que formam o centro histórico possuem uma beleza simples e regular.

Vista de Manaus, Amazonas, com destaque para o teatro Amazonas.

Fernando Vargas/Ferro Fotos

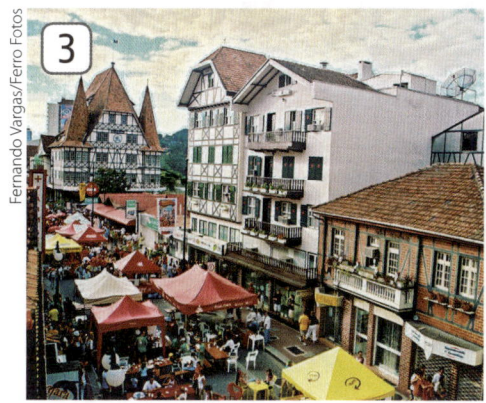

[ ] Cidade colonizada principalmente por alemães, possui características europeias, como: as festas, a culinária e a arquitetura.

Vista do centro de Blumenau, Santa Catarina.

## Gente que faz!

As cidades mudam com o passar do tempo. Algumas crescem e se desenvolvem, outras diminuem em número de habitantes ou mudam de características.

Quando um historiador quer conhecer a história de uma cidade, ele pode pesquisar documentos de épocas anteriores (como, por exemplo, jornais e fotografias), investigar construções antigas (como prédios e monumentos) ou conversar com moradores da região.

### Paraty: entreposto comercial

Há cerca de 250 anos, a vila de Paraty (localizada no litoral sul do estado do Rio de Janeiro) começou a crescer, a desenvolver-se como entreposto comercial.

**Entreposto comercial:** local de troca de mercadorias, normalmente situado junto de um porto.

De seu porto eram enviadas muitas mercadorias para fora do Brasil. No entanto, por volta de 1870, aconteceu uma mudança: uma ferrovia foi construída entre as cidades do Rio de Janeiro e São Paulo.

A partir dessa época, Paraty perdeu a sua função econômica e permaneceu isolada durante décadas. Somente por volta de 1970, com a construção da BR-101 (rodovia Rio–Santos), Paraty voltou a crescer e consolidou-se como cidade histórica e turística.

Vista de uma rua da cidade de Paraty, no litoral do estado do Rio de Janeiro, em 1956.

Vista da mesma rua da foto à esquerda, em 2006, mostrando a recuperação da cidade.

# São Paulo: de vila a metrópole

São Paulo, a cidade que atualmente tem o maior número de habitantes do Brasil, foi fundada em 1554 e por mais de 300 anos manteve as características de uma pacata vila colonial.

Depois de 1850, com o desenvolvimento da economia do café e a chegada dos imigrantes, transformou-se em metrópole em um curto espaço de tempo.

**Metrópole:** cidade mais importante de uma região, em torno da qual outras cidades se desenvolvem.

Vista da futura avenida São João, a partir da atual praça Antônio Prado, na cidade de São Paulo, em 1862. Fotografia de Militão Augusto de Azevedo.

Avenida São João, a partir da praça Antônio Prado, em São Paulo, em 2007.

**1.** Reúna-se com três colegas. Vocês pesquisarão alguma mudança que ocorreu, na cidade onde moram, nos últimos 50 anos. Para isso, escolham um dos seguintes aspectos:

- serviços públicos – água, luz, telefone, transporte;
- habitação – casas térreas, prédios, sobrados;
- lazer – parques, praças, teatros, cinemas.

27

# CAPÍTULO 2

# Trabalhando na cidade

O trabalho de muitos profissionais garante o funcionamento de uma cidade: padeiros, motoristas, pedreiros, enfermeiros, professores, advogados, engenheiros e comerciantes são alguns exemplos.

Monumento **Os guerreiros**, em Brasília, Distrito Federal, também conhecido como **Os candangos**, em homenagem aos operários que trabalharam na construção da cidade. Fotografia de 2005.

Cada um desses profissionais tem sua função, e todos são igualmente importantes para a vida de quem mora na cidade.

Nem todas as pessoas que trabalham têm seus direitos garantidos. Há quem trabalhe em condições precárias nas ruas, sem segurança ou benefícios trabalhistas.

**Benefícios trabalhistas:** são os direitos como férias, descanso semanal, 13º salário, aposentadoria e licença-maternidade.

**1.** Observe estas fotografias, que retratam bombeiros em atividade. Escreva algumas mudanças que você percebe que ocorreram ao longo do tempo nessa profissão.

Bombeiros combatendo incêndio na cidade de São Paulo, em 2002.

Bombeiros em ação, na cidade italiana de Brescia, em 1911.

Bombeiro controla cavalos que puxam um vagão de combate a incêndio, na década de 1890.

_____

_____

_____

**2.** Entreviste uma pessoa adulta sobre a profissão que ela exerce. Faça as perguntas e anote as respostas em uma folha à parte.

a) Qual é o nome da sua profissão?

b) Quais são as funções dessa profissão?

c) Essa profissão sofreu mudanças nos últimos anos? Quais?

d) Conte aos colegas o que você descobriu sobre a profissão da pessoa que você entrevistou.

# Profissões antigas e atuais

Leia o depoimento de Bethina Fróes, gaúcha, professora aposentada que nasceu em 1943.

> Eu me lembro que, quando eu tinha uns 4 ou 5 anos, o entregador de leite passava todos os dias, bem cedinho, na nossa porta para encher o nosso tacho de leite. Quando a gente escutava o barulho do caminhão chegando, era aquela gritaria: "Mãe, rápido, o caminhão do leite!"
>
> Minha mãe corria para pegar o tacho de alumínio vazio. Ele abria as garrafas de vidro na nossa frente, enchia o tacho e ia embora.
>
> Lembro também do entregador de gelo, que toda semana passava carregando nas costas aquela enorme barra de gelo enrolada em um saco de estopa. Ele entrava na cozinha, largava o gelo na frente do frigorífico, pegava uma serra e cortava quantos pedaços a minha mãe pedia. Meus irmãos e eu adorávamos ver o entregador de gelo chegando!
>
> Depoimento colhido especialmente para esta obra.

Entregador de leite junto ao caminhão, na década de 1940.

Entregador de gelo, na década de 1940.

**1.** Complete o quadro de acordo com o depoimento de Bethina Fróes.

|  | Entregador de leite | Entregador de gelo |
|---|---|---|
| O que fazia o profissional | | |
| Frequência com que atendia | | |
| Como transportava a mercadoria | | |

**2.** Na cidade onde você mora, existem vendedores que vão de porta em porta? Que tipo de produto eles vendem?

_____

_____

## As profissões mudam e surgem outras

As profissões mudam conforme as necessidades das pessoas e as novas tecnologias. Algumas foram importantes no passado, mas atualmente estão desaparecendo ou não existem mais. Alguns exemplos são: o leiteiro, o entregador de gelo e o acendedor de lampiões.

Também existem profissões antigas que são exercidas até hoje, como: feirante, pedreiro, manicure e sapateiro. Há ainda outras, como técnico de computação e projetista de *videogame*, que não existiam no passado.

**31**

**1.** Observe a fotografia e responda.

Amolador de facas e tesouras e seu equipamento de trabalho, em cerca de 1925.

a) Qual é o nome deste profissional?

_____

b) Você já viu este profissional em atividade? Ele usava um aparelho parecido com o da fotografia?

_____

_____

**2.** Leia o texto sobre o Sr. Valter Ramos, calceteiro de 67 anos que ainda trabalha na cidade de Santos, estado de São Paulo.

**Calceteiro:** profissional que trabalha assentando pedras de calçadas e ruas.

Calceteiros trabalhando em Curitiba, Paraná, em 1939.

"Nos dias atuais, o trabalho é cada vez mais escasso" (diz o Sr. Ramos). Para ele, as ruas de hoje nunca serão agradáveis e funcionais como as do passado, porque o asfalto conserva o calor e não evita as enchentes. "Antes podia chover que a terra absorvia tudo. Porque terra é que nem gente, tem vida" (conclui ele).

Fonte: http://www.novomilenio.inf.br/santos/h0347e.htm. Acesso em: maio de 2008.

• Na sua opinião, a profissão de calceteiro já foi importante? Por quê?

_____

_____

**3.** Por que algumas profissões deixam de existir? Converse com os colegas e o professor.

**4.** Escreva uma profissão que, na sua opinião, nunca deixará de existir e por quê.

_____

_____

**5.** Observe o anúncio e responda.

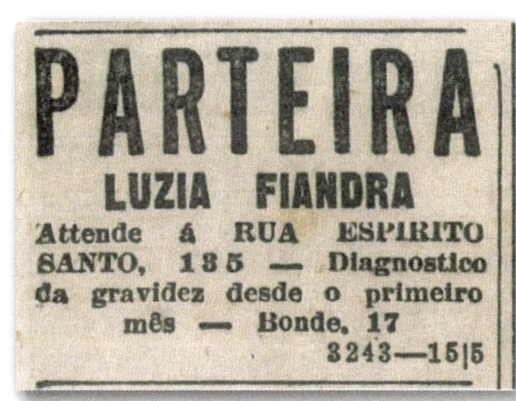

Anúncio de uma parteira santista, publicado em 7 de janeiro de 1938 no jornal santista *A Tribuna*. Disponível em: <www.novomilenio.inf.br/santos/lendas/h0029.jpg>. Acesso em: maio de 2008.

a) Que profissional oferece seus serviços neste anúncio?

_____

b) Na sua opinião, essa profissão era importante na época da publicação do anúncio? Por quê?

_____

c) Qual é o profissional que faz esse trabalho atualmente?

_____

**SUGESTÃO DE LEITURA**

*A rua é livre*, de Kurusa, Callis.

**33**

# Rede de Ideias

## ORGANIZAR

**1.** Observe as duas fotografias.

Barra da Tijuca, Rio de Janeiro.

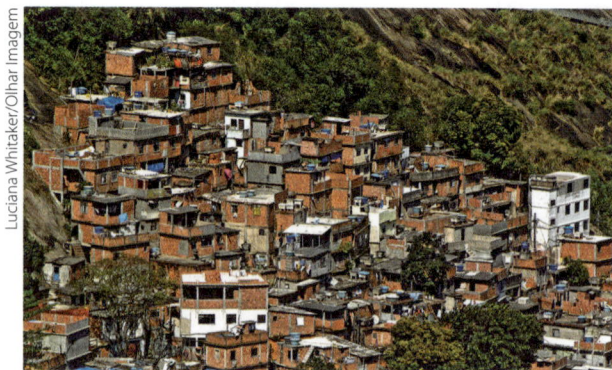

Favela da Rocinha, Rio de Janeiro.

a) O que mais chama a sua atenção nelas?

_____

_____

b) Os problemas enfrentados pelas pessoas que moram nessas duas regiões da cidade do Rio de Janeiro são iguais ou diferentes? Por quê?

_____

_____

c) A cidade do Rio de Janeiro é reconhecida por alguma função ou característica especial?

_____

## REFLETIR

**2.** Observe esta fotografia.

Operários da Fiação e Tecelagem Mariângela, São Paulo, 1910.

a) Quem são as pessoas retratadas?

_____

b) Que conclusões você pode tirar a respeito dos operários dessa empresa?

_____

_____

_____

## AMPLIAR

**3.** No processo de desenvolvimento das cidades, muitas vezes uma região é ocupada por empresas e moradias.

a) Reúna-se com colegas, levantem os pontos positivos e os negativos de fábricas e indústrias ficarem próximas de áreas residenciais.

b) Depois, escrevam as conclusões a que o grupo chegou.

c) Colem as conclusões em uma cartolina e exponham na sala de aula.

**35**

# Cartas de reclamação

A convivência entre as pessoas que vivem nas cidades não está livre de conflitos, mas também há objetivos em comum, como a busca de melhores condições de vida.

Muitos jornais publicam cartas que recebem de seus leitores ou fazem matérias sobre elas. Quem escreve essas cartas muitas vezes está em busca de melhores condições de vida, solicitando das autoridades responsáveis soluções para problemas enfrentados. Dessa forma, essas pessoas exercitam sua cidadania.

Leia uma matéria baseada em uma carta recebida pelo *Jornal da Tarde* (publicado na cidade de São Paulo).

### Falta de farol causa acidentes

"Precisamos de um farol urgente na rua Elísio Teixeira Leite, na altura do número 6.777, que é um terreno. Já presenciei diversos acidentes no local", reivindica o analista de sistemas Francisco Glediston, 30.

A rua fica no bairro Parada de Taipas, zona norte da cidade. Glediston contou à reportagem que sua mãe já sofreu uma colisão no trecho crítico, se machucou e o carro ficou destruído.

A Companhia de Engenharia de Tráfego (CET) informou à reportagem que, após análise no trecho reclamado pelo leitor, foi detectada, realmente, a necessidade de implantação de semáforo. A instalação será feita de acordo com o cronograma da CET. (...)

"Deixa com a gente". *Jornal da Tarde*. São Paulo, agosto de 2007.

# 1 Extra! Extra!

Converse com os colegas e o professor sobre as questões.

a) Qual foi o pedido apresentado por Francisco Glediston?
b) Por que ele fez essa reclamação?
c) Qual foi a resposta dada pelo departamento responsável?

# 2

Você conhece alguém que já reclamou de algo? Como isso foi feito? Para quem essa pessoa reclamou?

# 3

Reúna-se com os colegas para escolherem um problema da escola que precisa ser resolvido. Depois, sigam as instruções.

- Elaborem, por escrito, uma ou mais soluções para o problema.
- Avaliem quem poderia resolver tal problema e entreguem para essa pessoa o material que vocês produziram.
- Façam uma avaliação oral do trabalho realizado:

a) Qual das etapas foi mais difícil de ser realizada?
b) Os argumentos e as soluções apresentados foram satisfatórios? Por quê?

Marília Pirillo

37

# UNIDADE 3
## Como as cidades se desenvolvem?

1480  1500  1520  1540  1560  1580  1600  1620  1640  1660  1680  1700  1720  1740  1760  1780  1800  1820

## IMAGEM E CONTEXTO

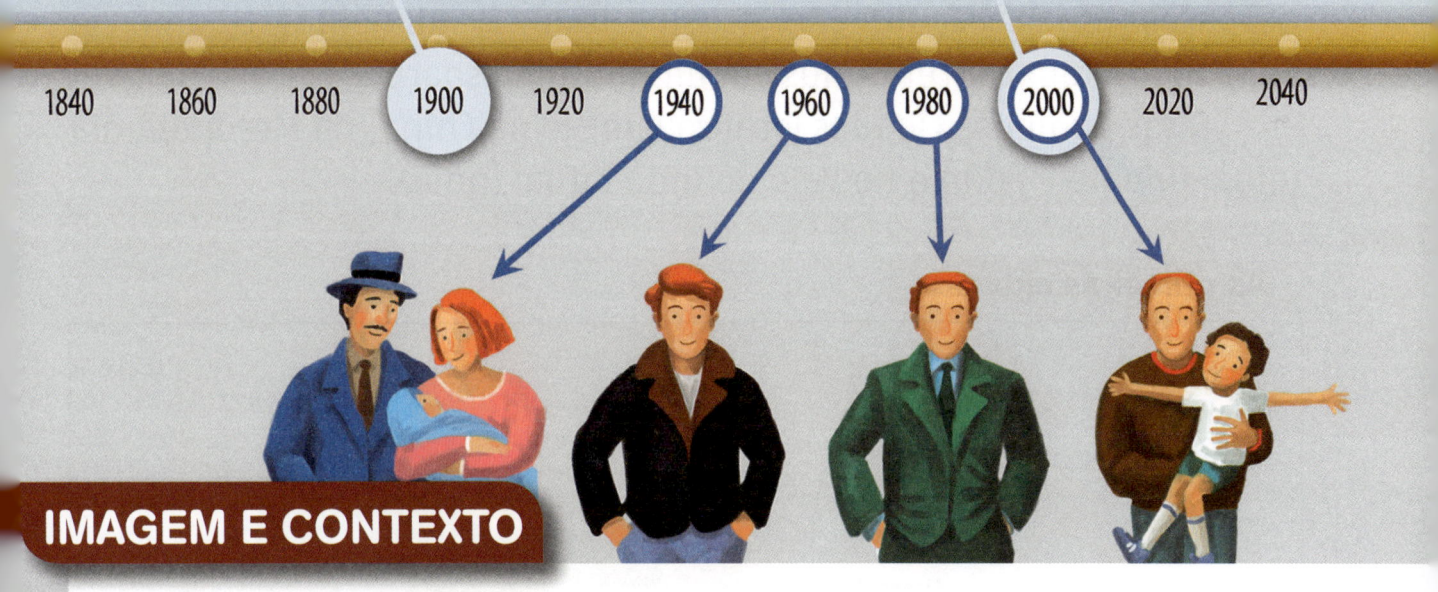

**1.** O que representam os números presentes na ilustração?

_____

**2.** Por volta de que ano o povoado começou a surgir?

_____

**3.** Registre na linha do tempo a época do seu nascimento.

_____

**4.** Ao compararmos o período de vida de um ser humano ao do desenvolvimento de uma cidade, a que conclusão podemos chegar?

## CAPÍTULO 1

# A formação das cidades

As primeiras cidades da história da humanidade se desenvolveram há mais de 10 mil anos. Começaram a se formar quando pequenos grupos humanos fixaram-se em uma região e passaram a trabalhar em ocupações especializadas. Com isso, o estoque de alimentos, o comércio e o poder foram concentrados em um mesmo espaço.

Essas primeiras cidades localizavam-se na China, na Mesopotâmia (atual Oriente Médio) e no Vale do Indo (atual Índia).

**As primeiras cidades**

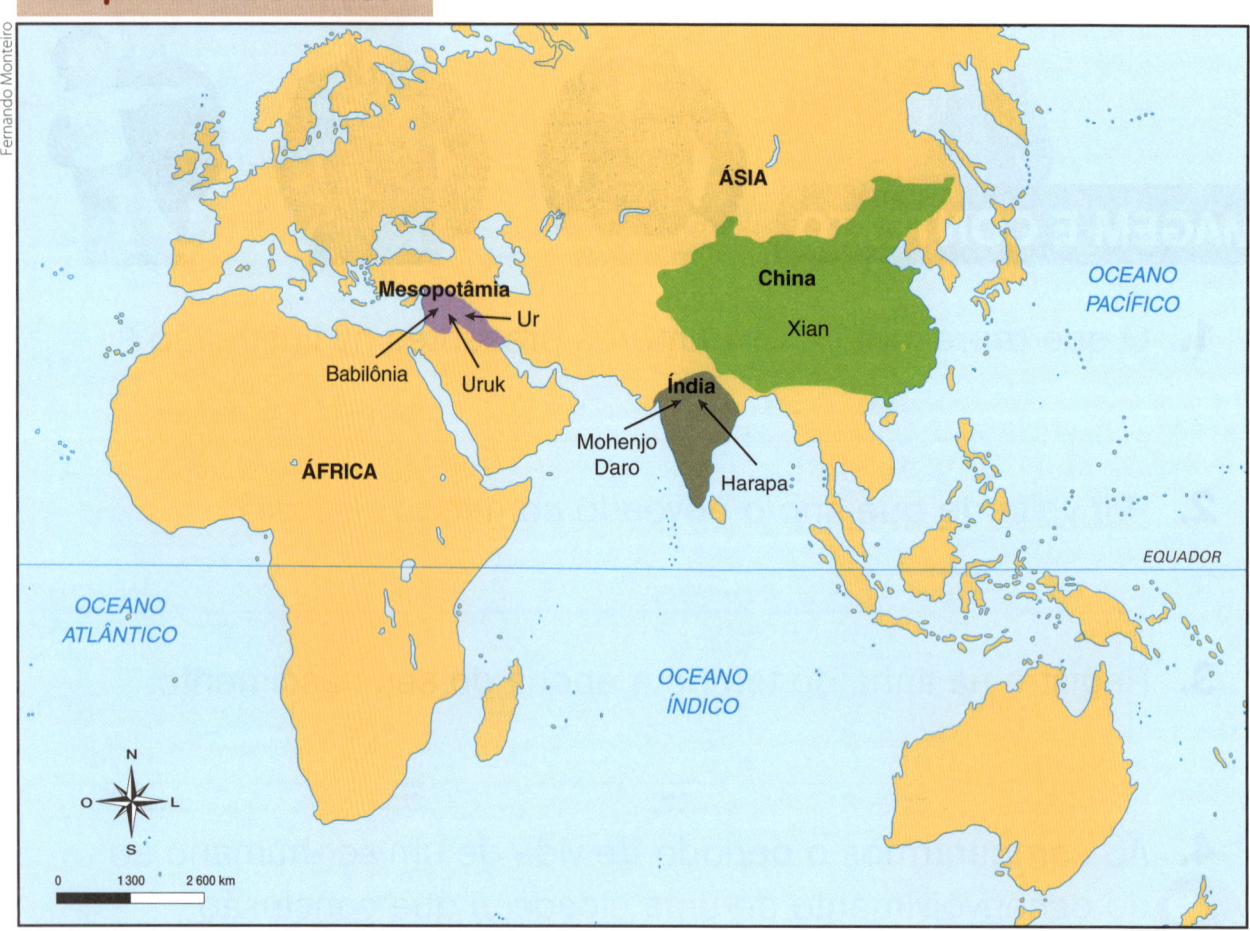

Elaborado pelos autores.

40

# A formação das cidades no Brasil

Há pouco mais de 500 anos, quando os europeus chegaram à América, encontraram povos que viviam em cidades e aldeias.

No Brasil, os portugueses encontraram indígenas em aldeias, vivendo de uma forma diferente da dos europeus.

Foi a partir da chegada dos portugueses que as cidades começaram a se desenvolver em diferentes regiões do país: primeiro, próximo do litoral e, depois, no interior do território.

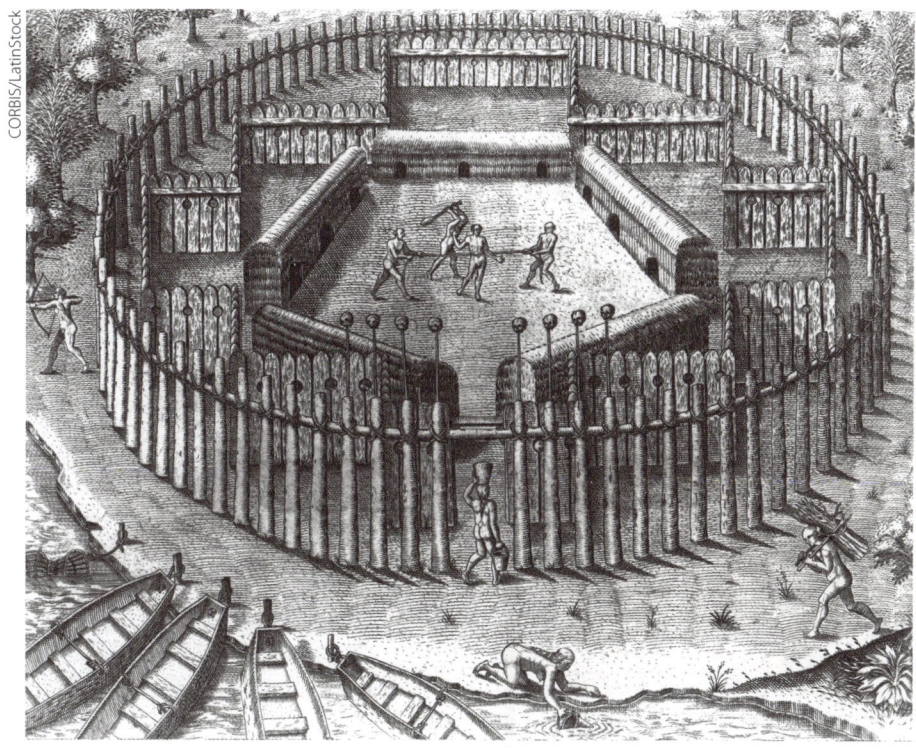

Gravura de Theodore de Bry, de 1557, representando uma aldeia tupinambá.

**1.** Como os seres humanos viviam antes de as cidades serem formadas? Converse com os colegas e o professor.

**2.** Marque com **V** as frases verdadeiras.

☐ As cidades brasileiras começaram a surgir e a se desenvolver a partir de 1500, quando os portugueses chegaram aqui.

☐ Os portugueses foram os primeiros europeus a chegar ao território brasileiro.

☐ Os primeiros portugueses, ao chegar ao Brasil, não encontraram outras pessoas habitando a região.

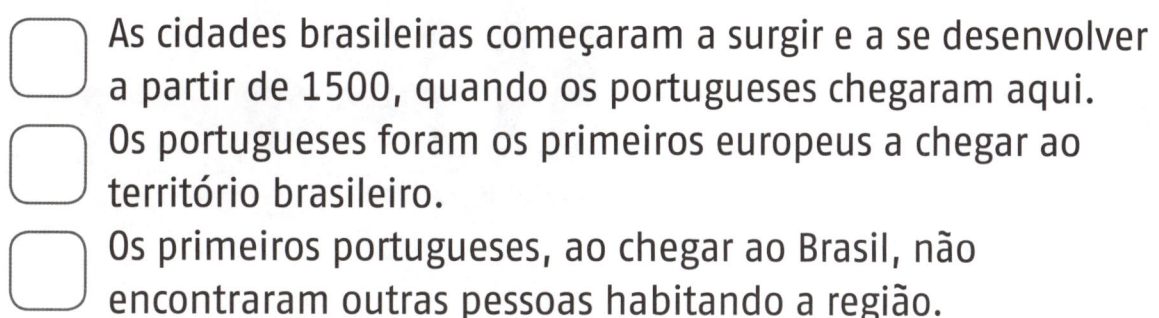

# As mudanças nas cidades

Existem cidades que se desenvolveram aos poucos: começaram como pequenos povoados, transformaram-se em vilas e cresceram até serem consideradas cidades, como foi o caso de São Vicente (no litoral de São Paulo) e de Olinda (em Pernambuco).

Outras já foram fundadas como cidades. Exemplos são Salvador (na Bahia), a primeira capital do Brasil, e Brasília, a atual capital de nosso país.

▌ Um pequeno núcleo de habitantes é um **povoado**.

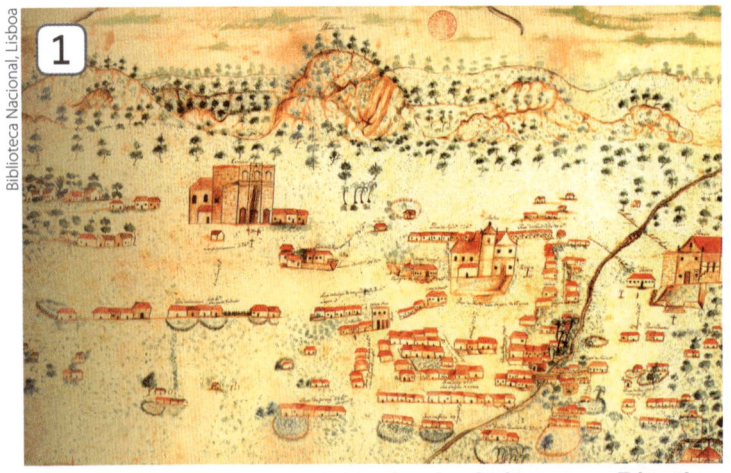

Vila da Mocha, atual cidade de Oeiras, no Piauí, criada em 1728. Desenho de autor desconhecido.

Quando um aglomerado de população é maior que um povoado e possui alguns estabelecimentos comerciais e de serviços, ele forma uma **vila**. Na época colonial, uma vila tinha de ter a câmara municipal e o pelourinho.

▌ **Cidade:** área que concentra uma população maior que uma vila, com diferentes atividades e um centro de poder, atualmente representado pela Prefeitura e pela Câmara Municipal.

Câmara Municipal e pelourinho da cidade histórica de Mariana, em Minas Gerais.

**1.** Marque com um **X** o esquema que representa corretamente a evolução de um aglomerado habitacional.

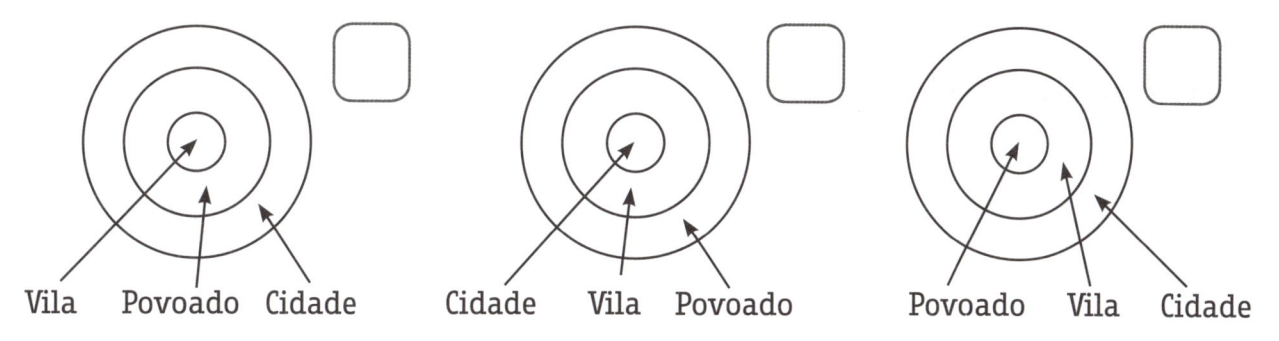

Vila  Povoado  Cidade ☐    Cidade  Vila  Povoado ☐    Povoado  Vila  Cidade ☐

**2.** Em 1532 o povoado de São Vicente foi elevado à categoria de vila. Quais eram as condições indispensáveis para isso no período colonial?

_____

**3.** No período colonial, havia nas câmaras municipais três vereadores. Eles eram eleitos a cada três anos pela elite local, que era composta pelos chamados "homens bons" (latifundiários, nobres, milícia e clero).

> **Latifundiários:** grandes proprietários de terras.
> **Nobres:** pessoas que detêm título de nobreza (barões, condes, marqueses e outros).
> **Milícia:** o conjunto dos soldados do país.
> **Clero:** o conjunto dos representantes da Igreja.

a) Faça uma pesquisa e descubra quantos vereadores compõem a Câmara Municipal da sua cidade.

_____

b) Quantos vereadores a mais tem a sua cidade comparada com as vilas coloniais?

_____

c) Que interpretação pode ser dada à expressão "homens bons"?

**43**

## Gente que faz!

## Fortes e fortalezas

A proteção às cidades e vilas era uma preocupação das pessoas que viviam no Brasil no início da colonização. Por exemplo: a **Fortaleza de São João da Barra de Bertioga** foi construída em 1552 em uma praia de Bertioga (litoral sul de São Paulo) para proteger a população da vila de São Vicente dos frequentes ataques de indígenas. Também havia a intenção de defender as terras brasileiras de invasores estrangeiros que chegavam principalmente pelo mar.

Nessas construções eram instalados equipamentos de artilharia, como os canhões.

*Partida da esquadra de Estácio de Sá de Bertioga para o Rio de Janeiro*, em 1565, tela de Benedito Calixto. O Forte de São João aparece ao fundo.

Forte de São João, em Bertioga, estado de São Paulo, 2006.

Grande parte dos fortes e das fortalezas foi construída no litoral. Hoje, eles são monumentos que fazem parte do patrimônio histórico e são considerados atrações turísticas.

**1.** Você já visitou algum forte ou alguma fortaleza? Converse com os colegas e o professor.

**2.** Por que a maioria dos fortes brasileiros fica no litoral?

_____

_____

_____

**3.** Leia as frases e pinte os quadrinhos de acordo com a cor da legenda que indica o período a que elas se referem.

🟧 Época colonial

🟦 Época atual

- ☐ Com a preocupação de defender as terras brasileiras dos ataques de invasores estrangeiros, fortes e fortalezas foram construídos.
- ☐ Fortes e fortalezas da época colonial tornaram-se atrações turísticas e fazem parte do patrimônio histórico brasileiro.
- ☐ A construção de fortes e fortalezas tinha como objetivo a proteção do território e da população.

**4.** Na sua opinião, por que os fortes e fortalezas brasileiros deixaram de ter uma função de defesa?

_____

_____

_____

_____

# CAPÍTULO 2

# A primeira vila e a primeira capital do Brasil

## São Vicente: a primeira vila

No início do processo de exploração do território brasileiro pelos portugueses, começou a se formar o pequeno **povoado de São Vicente** (localizado no litoral sul do atual estado de São Paulo). Tudo indica que isso aconteceu com a chegada de degredados e náufragos à região por volta de 1502.

Esses degredados se aliaram a alguns grupos indígenas que lá viviam e passaram a viver da agricultura e do comércio de escravos, mantimentos, pequenos barcos e o que mais fosse necessário aos navegadores que por ali passavam.

Em 22 de janeiro de 1532 desembarcou no porto de São Vicente a expedição de Martim Afonso de Sousa, que chegou para tomar posse dessa região em nome do rei de Portugal.

**Degredado:** pessoa obrigada a sair de seu país de origem como punição por seus crimes.

Ilustração de cerca de 1624, mostra São Vicente e entorno ao norte, tendo ao fundo o Forte São João, de Bertioga, com a letra G.

Para oficializar a fundação da **vila de São Vicente**, Martim Afonso mandou construir uma igreja, a Câmara dos Vereadores, a cadeia e o pelourinho, que representavam a autoridade do rei de Portugal nas terras brasileiras.

Somente depois de 363 anos de sua fundação, em 15 de novembro de 1895, a vila de São Vicente tornou-se **cidade de São Vicente**. Hoje, ela é considerada patrimônio de todos os brasileiros, pois foi a primeira vila do Brasil.

**1.** Leia o trecho de um dos relatos da época em que São Vicente era um povoado.

> (...) além das **"coisas da terra"** (galinhas, porcos e hortaliças), contava com 10 ou 12 casas, uma delas feita de pedra, coberta de telhas, ostentando uma torre para defesa contra os índios.
>
> Maria Valéria Barbosa, Nelson Santos Dias e Rita Márcia Martins Cerqueira. *Santos na formação do Brasil – 500 anos de história*. Santos: Prefeitura Municipal de Santos/Secretaria Municipal de Cultura, Fundação Arquivo e Memória de Santos, 2000. p. 2.

- Em uma folha à parte faça um desenho para mostrar como você imagina esse lugar. Exponha seu desenho na sala de aula.

**2.** Numere nos quadrinhos os fatos relacionados à história de São Vicente na ordem em que ocorreram.

- ☐ Com a instalação de uma igreja, da Câmara dos Vereadores, da cadeia e do pelourinho, São Vicente tornou-se uma vila.
- ☐ Após um período de prosperidade e crescimento, tornou-se uma cidade no dia 15 de novembro de 1895.
- ☐ Com a chegada de alguns náufragos e degredados, que se aliaram aos indígenas, começou a ser formado um povoado.

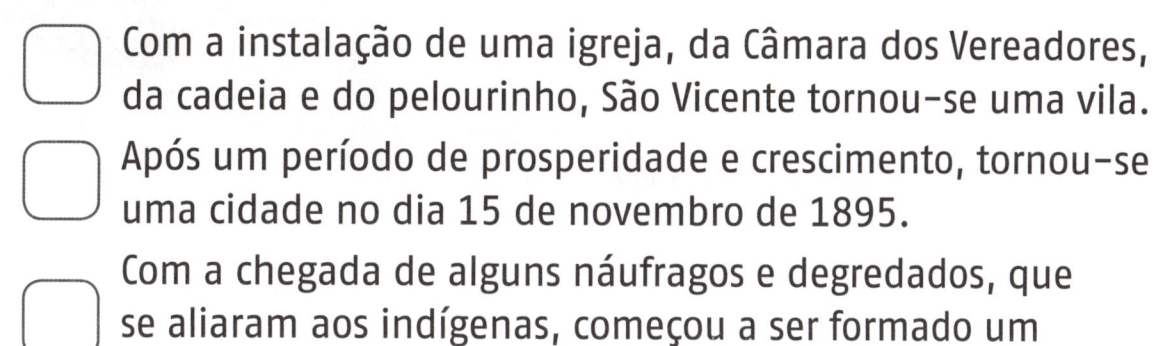

## Salvador: a primeira capital do Brasil

A cidade de Salvador foi fundada por Tomé de Sousa em 29 de março de 1549, na baía de Todos os Santos (Bahia), por ordem do rei de Portugal. Para essa missão, foi enviada ao Brasil uma frota com mais de mil pessoas.

As construções iniciais da cidade eram muito simples: quase todas feitas de taipa ou de pau-a-pique e cobertas de palha. A rua mais importante era a rua Direita do Palácio, onde estavam localizados o Palácio do Governo e a Câmara dos Vereadores.

Logo após a fundação de Salvador, teve início a construção de uma muralha e de vários fortes. O objetivo era proteger a cidade dos ataques indígenas e da invasão de estrangeiros.

Salvador cresceu rapidamente e por mais de 200 anos foi a capital do Brasil e a cidade mais importante do país.

A - Palácio do Governo
B - Guaritas
C - Palácio do bispo
D - Casa da Câmara
E - Igreja da Conceição Ermida
F - Armazéns
G - Hospital
H - Portas da cidade
I - Fosso em torno dos muros
J - Caminho em degraus
K - Caminho em rampa
L - Caminho para a Vila Velha
M - Caminho para o Colégio

Planta da cidade de Salvador, em 1549.

**1.** Qual é o dia do aniversário da cidade onde você mora?

**2.** Observe a planta da cidade de Salvador na época de sua fundação. Circule na legenda ao lado dela as construções que **não** ficavam dentro das muralhas que cercavam a cidade.

**3.** Para que você imagina que foi construído o fosso em torno dos muros da cidade?

**4.** Observe as fotografias de duas atrações turísticas de Salvador ligadas à história da cidade. Complete a legenda de cada uma delas escolhendo as palavras adequadas.

| centro histórico | Salvador | colonial | forte |

O _____ de Santo Antônio da Barra, onde está o Farol da Barra, foi o primeiro erguido na entrada da baía de Todos os Santos, visando proteger a cidade de _____ .

O largo do Pelourinho é o _____ _____ da cidade de Salvador. No período _____ , nele ficavam o pelourinho e a Câmara Municipal.

[ **SUGESTÃO DE LEITURA** ]

**Paula de São Paulo**, de Mariângela Bueno e Sonia Dreyfuss, Callis.

49

# Rede de Ideias

**ORGANIZAR**

**1.** Observe esta obra. Ela retrata a fundação da vila de São Vicente por Martim Afonso de Sousa, em 1532.

*Fundação de São Vicente*, óleo sobre tela de Benedito Calixto, 1900.

a) Descreva o que ele e sua tripulação viram ao desembarcar.

_____

_____

b) Quem teria formado o povoado de São Vicente antes de Martim Afonso de Sousa fundar a vila? Quando?

_____

c) Quanto à sua localização, qual a característica comum da maioria das vilas e cidades brasileiras, entre elas São Vicente?

_____

## REFLETIR

**2.** Leia o texto e recorde o capítulo.

> A frota de Tomé de Sousa era formada por 12 embarcações. Entre as pessoas que vieram nelas, estavam 320 soldados, um arquiteto, alguns carpinteiros e pedreiros, além de um médico e um boticário.

a) Qual foi a cidade brasileira fundada por Tomé de Sousa?

_____

b) Por que Tomé de Sousa trouxe todos esses profissionais para o Brasil? Converse com os colegas e o professor.

## AMPLIAR

**3.** Reúna-se com um colega. Façam uma pesquisa sobre a construção da cidade fotografada, seguindo as orientações.

Fotografia de 1958 mostra a construção de Brasília: uma cidade planejada e construída para ser a capital do Brasil.

- Qual foi o estado escolhido para a construção da cidade?
- Quem foram os responsáveis pelo projeto?
- Como eram chamados os operários responsáveis pela construção?
- Quais foram as principais construções feitas?
- Em que dia, mês e ano a cidade foi inaugurada?

# UNIDADE 4

## Ligando os lugares

Vista da Ponta da Praia, em Santos, estado de São Paulo (2007).

**IMAGEM E CONTEXTO**

**1.** O que as pessoas estão usando para se locomover de um lugar para outro?

_____

**2.** Na fotografia, também há um navio. O que você acha que ele está transportando? Converse com os colegas e o professor.

**3.** Para que servem os automóveis, os navios, os barcos, os aviões? Como eles contribuem para a vida das pessoas?

# CAPÍTULO 1

## Meios de transporte: passado e presente por terra

> Os navios, os trens, os automóveis, os caminhões, os aviões, entre outros, são **meios de transporte**, ou seja, são recursos usados para transportar pessoas e mercadorias de um lugar para outro.

No passado, porém, quando esses meios de transporte ainda não haviam sido inventados, as pessoas e as mercadorias eram transportadas de outras formas.

### Tropas e tropeiros

Há mais ou menos 250 anos, percorrer o nosso território era uma tarefa difícil e **demorada**. Havia muitas matas e florestas, poucos caminhos abertos, e os que já existiam eram cheios de perigos. Além disso, eram muito comuns acidentes durante as viagens.

Na pintura *Serra dos Órgãos*, finalizada em 1846, Johann Moritz Rugendas representou uma tropa que percorria o caminho que ligava o Rio de Janeiro à região das Minas.

O meio de transporte mais usado nesse período eram as **tropas**, formadas por mulas ou bois e comandadas por homens chamados **tropeiros**, que percorriam as vilas e povoados para comercializar produtos como alimentos e tecidos.

**1.** Use seus conhecimentos para cruzar as palavras que completam as frases. As iniciais delas já estão postas.

No período colonial, os animais usados para transportar _____ e _____ eram as _____ e os _____. Esses animais formavam as _____, que eram comandadas pelos _____.

**2.** Responda.
   a) Por que as tropas eram importantes há cerca de 250 anos?

   _____

   _____

   b) Quais as dificuldades enfrentadas pelos tropeiros em suas viagens?

   _____

   _____

55

## A chegada da ferrovia

Há mais de 150 anos, surgiu no Brasil a primeira ferrovia. O trem permitiu a circulação de mercadorias e de pessoas de forma mais rápida, eficiente e segura.

Uma das primeiras ferrovias do país foi a São Paulo Railway, no estado de São Paulo. Inaugurada em 1867, ligava a cidade de Jundiaí, passando pela capital, ao porto de Santos. Ela foi muito utilizada para transportar café, a mercadoria mais importante do país nesse período. O café era comercializado com outras nações para onde era transportado de navio.

As ferrovias são ainda, no mundo inteiro, uma das formas mais eficientes para transportar mercadorias e passageiros.

A São Paulo Railway, no trecho do viaduto Grota Funda, situado na serra do Mar, em fotografia de Carlos Hoenen de 1890.

**1.** Você já andou de trem? Conte aos colegas essa experiência.

**2.** Pesquise e preencha a ficha sobre a São Paulo Railway.

Ano de inauguração: _____

Cidades ligadas: _____

Importância para a economia brasileira: _____

**3.** Observe o mapa.

**Malha ferroviária do Brasil**

Fonte: IBGE/Conab. Disponível em:
<www.conab.gov.br/conabweb/geotecnologia/sigabrasil/mapa_diversos/ferrovias.jpg>.
Acesso em: maio de 2008.

a) Qual das regiões brasileiras possui a maior rede ferroviária?

_____

b) Qual das regiões brasileiras possui a menor rede ferroviária?

_____

c) Há estados brasileiros que não possuem ferrovias? Quais?

_____

# O transporte rodoviário

Os veículos motorizados se popularizaram como uma das principais formas de transporte na atualidade.

Todos os dias, milhões de pessoas deslocam-se por ruas, avenidas, estradas e rodovias a bordo de ônibus, caminhões, motos e carros de passeio.

No Brasil, grande parte das mercadorias que circulam é transportada por caminhões através de estradas e rodovias.

O excesso de veículos motorizados pode gerar muitos problemas, como congestionamentos, acidentes e poluição. Esses problemas afetam muito a qualidade de vida das pessoas, principalmente das que vivem nas cidades grandes.

Caminhões expelindo fumaça em engarrafamento na avenida Brasil, Rio de Janeiro, 2004.

Veja o que pode ser feito para reduzir os problemas causados pelo excesso de automóveis nas cidades:
- investir em transporte coletivo de qualidade, como ônibus, trens e metrô;
- incentivar a prática de caminhar;
- construir ciclovias e estimular a utilização de bicicletas nas cidades;
- utilizar tecnologias não-poluentes e fontes renováveis de energia.

**1.** Leia o depoimento, observe as imagens e marque com um **X** a fotografia que poderia ilustrá-lo.

> Aos quatro anos andei pela primeira vez de automóvel, uma espécie de banheira enorme com quatro rodas. Minha mãe me segurava, temendo um tombo, pois íamos à louca velocidade de vinte e cinco quilômetros por hora.
>
> Gerda Brentani. *Eu me lembro*. São Paulo: Companhia das Letrinhas, 1993. p. 14.

Família passeia no primeiro carro a circular em Salvador, na Bahia, em cerca de 1910.

Família lavando automóvel moderno (2003).

**2.** Compare os carros que aparecem nas fotografias da atividade anterior e escreva as semelhanças e diferenças entre eles.

_____
_____
_____

**59**

**CAPÍTULO 2**

# Meios de transporte: pelas águas e pelos ares

Navegar pelos rios em troncos de árvores foi uma das primeiras formas que o ser humano descobriu para se deslocar e levar produtos de um lugar para outro. Dessa descoberta até os modernos aviões e ônibus espaciais, muitas etapas foram percorridas.

## Embarcações tradicionais

No Brasil, há muitos tipos de embarcação. Há, por exemplo, jangadas, saveiros, botes, canoas, traineiras e baleeiras. Cada um deles tem sua função: uns são usados na pesca, outros no turismo, no transporte de carga ou de passageiros.

Toda essa variedade é resultado da influência dos diferentes povos que formaram o Brasil, como indígenas, africanos, europeus, orientais e americanos.

As chalanas são embarcações que transportam pessoas e mercadorias, como esta no rio Aquidauana, Pantanal matogrossense.

**1.** Junte-se aos colegas. Façam uma pesquisa em jornais, revistas e na internet para encontrar imagens de embarcações do Brasil e montem um painel.
Não se esqueçam de fazer legendas de cada imagem, explicando a origem e a função de cada tipo de embarcação.

## Gente que faz!

# O patrimônio imaterial

A canoa caiçara tem origem indígena e é muito antiga. É um meio de transporte tradicional e um dos principais instrumentos da pesca artesanal. A pesca artesanal é feita apenas com o trabalho das mãos do ser humano, no lançamento e recolhimento de redes e linhadas.

Pescadores de Remanso, Bahia, no rio São Francisco, em canoa caiçara.

Até hoje, a canoa caiçara é construída da mesma forma. Ao longo do tempo, os mais velhos foram ensinando aos mais jovens como fazê-la. O seu modo de construção foi passado de geração para geração.

> Quando algo é transmitido de geração para geração, dizemos que ele faz parte do **patrimônio imaterial**. O modo de construir algum objeto, as danças, as festas, as tradições e os costumes que permanecem ao longo do tempo são exemplos de patrimônio imaterial.

1. Descubram exemplos de práticas que fazem parte do patrimônio imaterial da sua região. Façam desenhos que representem o que vocês descobriram e mostrem às outras duplas.

## O transporte pelos ares

No passado era comum as pessoas viajarem de navio quando queriam ir a lugares distantes. Da Europa ao Brasil, por exemplo, uma viagem podia durar meses.

Atualmente, para transportar mercadorias e pessoas, podemos utilizar, além do navio, o avião, que é um meio de transporte moderno e mais rápido. Uma viagem de avião entre o Brasil e a Europa, por exemplo, leva apenas algumas horas.

Um dos primeiros modelos de avião foi construído, em 1906, pelo brasileiro Alberto Santos Dumont e foi chamado de 14-Bis. Santos Dumont foi um dos principais responsáveis pelo desenvolvimento da aviação.

Primeiro voo do 14-Bis, em 13 de setembro de 1906. Este pode ser considerado o primeiro voo bem-sucedido de um objeto mais pesado que o ar.

- Se você tivesse de fazer uma viagem para um lugar distante, como a Europa ou a África, escolheria ir de navio ou de avião? Por quê?

### O brasileiro Alberto Santos Dumont

Alberto Santos Dumont nasceu no estado de Minas Gerais em 1873. Desde muito pequeno, foi obcecado pela ideia de voar. Inteligente e criativo, adorava ler histórias de ficção do escritor Júlio Verne e brincar com balões e pipas diferentes.

Aos 19 anos, foi morar em Paris e lá fez várias experiências com balões antes de chegar à sua grande invenção: o avião ou a máquina de voar.

**1.** Numere os quadrinhos pela ordem dos fatos.

☐ Em 1852, foi inventado o dirigível, que é uma máquina mais leve que o ar. Seu rumo era controlado por lemes e motores.

☐ Em 1783, em Paris, foi realizado o primeiro voo livre em uma máquina inventada pelo homem: o balão de ar quente.

☐ Após os balões e os dirigíveis, foi inventada uma máquina mais pesada que o ar, mas que voava, o planador.

**SUGESTÃO DE LEITURA**

**O trem da amizade**, de Wolfgang Slawski, Brinque-Book.

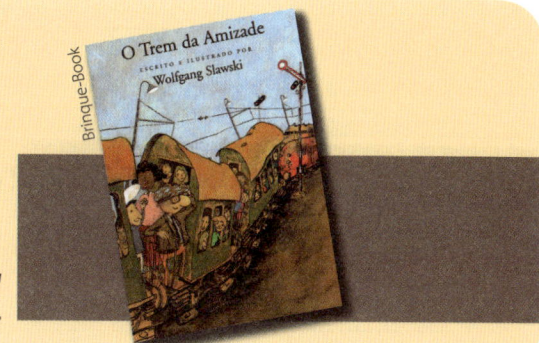

**63**

# Rede de Ideias

**ORGANIZAR**

**1.** Complete as lacunas do texto utilizando as palavras: **carga**, **trem**, **tropas** e **rápidas**.

Há muitas vantagens no transporte por trens, comparado com as _____, formadas por mulas. As viagens são mais _____, mais seguras, além de o _____ transportar um volume muito maior de _____ em cada viagem.

**2.** Observe os aviões. Escreva diferenças e semelhanças entre eles.

Início do século XX.

Início do século XXI.

_____
_____
_____

**3.** Quem foi o brasileiro que teve papel importante no desenvolvimento dos aviões?

_____

**4.** A música, composta por Dorival Caymmi, fala de um personagem que utiliza um meio de transporte para realizar seu trabalho. Qual é esse personagem e que meio de transporte ele utiliza?

> O canoeiro bota a rede,
> Bota a rede no mar.
> O canoeiro bota a rede no mar.
> Cerca o peixe, bate o remo.
> Puxa a corda, colhe a rede,
> O canoeiro puxa a rede do mar (...)
>
> Dorival Caymmi. *Pescaria (canoeiro)*. Rio de Janeiro: Odeon, 1954.

## REFLETIR

**5.** Desenhe em uma folha à parte um meio de transporte espacial que você imagina que existirá no futuro.

## AMPLIAR

**6.** Observe a fotografia.

a) Como se chama esse meio de transporte?

Bonde circulando em Belo Horizonte, Minas Gerais, na década de 1920.

b) Como ele era movido no início? Como é movido hoje?

c) Pesquise para saber em quais cidades do Brasil ele ainda circula.

# Convivência

## Segurança no trânsito

Para organizar a circulação de veículos pelas ruas, avenidas, estradas e rodovias, foram criadas as leis de trânsito.

Todas as pessoas, motoristas ou pedestres, devem seguir essas leis para evitar acidentes e para garantir a segurança no trânsito.

Leia a história em quadrinhos e depois responda à questão.

> **CRIANÇA TEM QUE ANDAR NO BANCO DE TRÁS!**
> **E USAR O CINTO DE SEGURANÇA, TAMBÉM!**
>
> **ACHO QUE O MEU PAI TÁ EXAGERANDO!**
> **NADA DISSO! É LEI, FILHINHA! E O PAPAI TEM QUE RESPEITAR!**

Mauricio de Sousa Produções

**1** Quais são as duas leis de trânsito mencionadas na história?

_____
_____

## 2 Dever de todos

O professor organizará quatro grupos e sorteará o tema de cada um.

- O pedestre
- O ciclista
- O motorista de carro
- O passageiro

Pensando no personagem que coube ao seu grupo, discutam e pesquisem atitudes que ele pode ter para contribuir com a própria segurança e com a segurança do trânsito.

Cada grupo deve registrar as atitudes levantadas em um cartaz para apresentar aos colegas dos outros grupos.

# UNIDADE 5

# O universo da comunicação

**PARIS, FRANÇA.**

**BOSTON, EUA.**

**CIDADE DO MÉXICO, MÉXICO.**

**JOANESBURGO, ÁFRICA DO SUL**

COSTA DA SUÉCIA.

TÓQUIO, JAPÃO.

## IMAGEM E CONTEXTO

1. Reúna-se com um colega. Façam uma lista dos meios de comunicação que aparecem na imagem.

   _____

2. O que há de semelhante em todas as situações? Converse com os colegas e o professor.

3. Escolha uma das pessoas da imagem e dramatize a situação da fotografia.

4. Leia esta frase:

   > A comunicação aproxima as pessoas.

   - Você concorda com a frase? Converse com os colegas a respeito.

**CAPÍTULO 1**

# A comunicação é universal

A comunicação é uma necessidade humana. Ela favorece as relações humanas. Por meio da comunicação, as pessoas podem, por exemplo, aprender, trocar informações, conhecer pessoas, discutir problemas coletivos.

Existem diferentes formas de comunicação: conversar, escrever uma carta e ler um livro são alguns exemplos.

O desenvolvimento da tecnologia diminuiu a distância entre as pessoas e facilitou a circulação de informações. Alguns exemplos de meios de comunicação que utilizam tecnologia são o rádio, o cinema, a televisão e a internet.

Os deficientes auditivos comunicam-se pelo sistema libras.

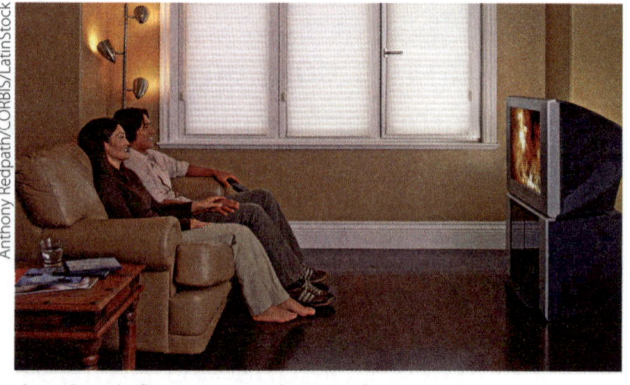

A televisão comunica informações imediatamente.

Os livros comunicam novos conhecimentos.

A internet permite receber e enviar informações e mensagens instantaneamente.

**1.** Você costuma utilizar algum tipo de comunicação tecnológica no dia-a-dia? Qual? Conte aos colegas e ao professor.

**2.** Circule no texto da página anterior a forma de comunicação mais antiga.

**3.** Reúna-se com um colega. Cada um escolherá um filme e, apenas por meio de mímica (sem utilizar a fala), deverá comunicar ao outro o nome do filme que escolheu. Depois, responda às perguntas.

a) Qual é o nome do filme escolhido por você?

_____

b) Pinte de amarelo a etiqueta em que está escrito o tipo de linguagem que você utilizou para transmitir sua mensagem.

( oral )    ( gestual )    ( musical )

c) Seu colega descobriu o significado da sua mensagem?

☐ Sim.    ☐ Não.

**4.** **Libras** e **braille** são sistemas de comunicação usados por e para pessoas com deficiência física.

- Faça uma pesquisa e descubra como esses sistemas contribuem para a vida de quem os usa.

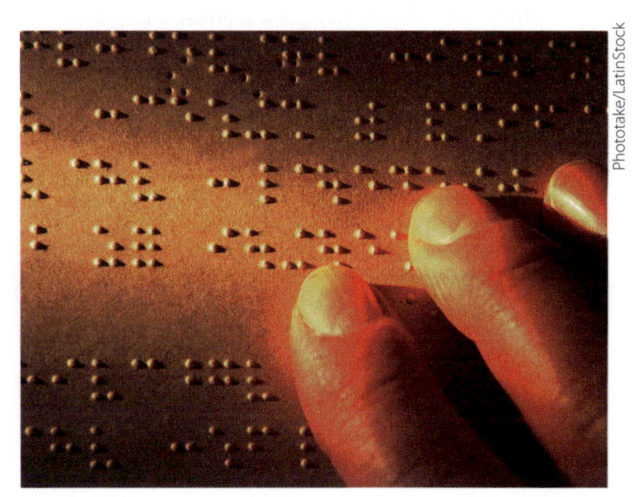

Os deficientes visuais usam a ponta dos dedos para ler textos escritos em braille.

# A comunicação impressa

Livros, jornais e revistas são **meios de comunicação impressa** que servem para informar, divertir ou pesquisar.

O jornal é um dos meios de comunicação mais importantes.

No Brasil, os primeiros jornais foram criados em 1808, após a chegada da família real. Eles se chamavam *Correio Braziliense* e *Gazeta do Rio de Janeiro*.

Capa da primeira edição do jornal *Correio Braziliense*, de junho de 1808. Era impresso em Londres, mas tinha circulação no Brasil.

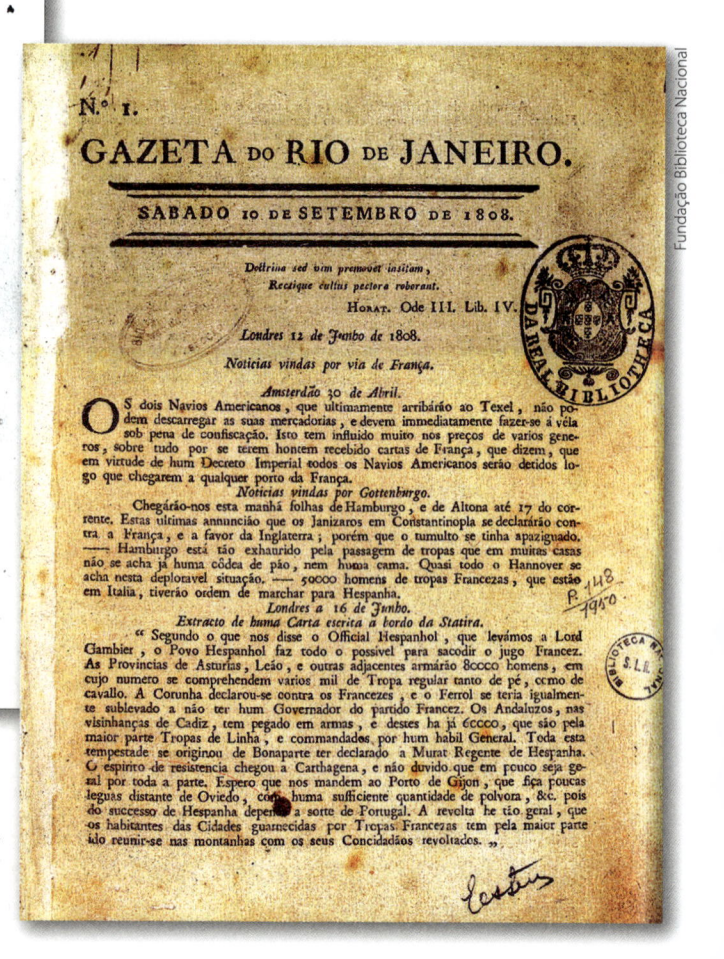

Capa da primeira edição do jornal *Gazeta do Rio de Janeiro*, em 10 de setembro de 1808.

**1.** Faça estas atividades como indicado.

a) Você costuma ler algum jornal ou alguma revista? Quais?

_____

b) Traga para a sala de aula um exemplar de cada material que você citou na resposta anterior.

c) Com os colegas, façam uma lista dos jornais e das revistas trazidas, anotando a quantidade de exemplares de cada um. Assim, vocês saberão o nome do jornal e da revista preferidos pela classe.

d) Escolham alguns dos jornais trazidos. Quais as diferenças entre eles e os da página anterior?

_____

_____

**2.** Complete a lacuna da frase com a palavra correta.

- O jornal, a revista e o livro publicados em papel são meios de comunicação _____ .

**História em quadrinhos (também conhecida como HQ)**

Uma das formas mais populares de comunicação impressa são as histórias em quadrinhos.

Uma das HQs mais populares no Brasil foi **O Tico-Tico**, que contava as aventuras do menino Chiquinho. Ela surgiu em 1905 e durou mais de 50 anos. Mais tarde, apareceram também as revistas de super-heróis, como *Superman*, *Flash Gordon* e *Fantasma*. Já as histórias da *Turma da Mônica*, criadas por Mauricio de Sousa nos anos 1960, ainda são muito lidas atualmente.

## CAPÍTULO 2

# Outros meios de comunicação

## Rádio

A primeira transmissão de rádio no Brasil ocorreu no dia 7 de setembro de 1922, durante uma feira internacional montada na cidade do Rio de Janeiro.

O rádio se tornou muito popular. As pessoas ouviam no rádio notícias, propagandas, jogos de futebol, radionovelas, músicas e até discursos políticos.

Entre os anos de 1930 e 1950 surgiram nas emissoras os programas de auditório. As pessoas podiam ir aos estúdios das rádios, que funcionavam como verdadeiros teatros, para assistir ao vivo aos programas apresentados e ver de perto apresentadores e cantores.

Esse meio de comunicação influenciou o comportamento e o gosto de muitas pessoas, que adoravam ouvir ídolos como Francisco Alves, Carmen Miranda e Noel Rosa.

A Rádio Nacional do Rio de Janeiro foi fundada em 1936. Na fotografia, dois locutores, Amélia de Oliveira e Celso Guimarães, em 1950.

Meninos ouvindo rádio em Chicago, Estados Unidos, 1929.

**1.** Faça as atividades conforme indicado.

a) Pergunte a um adulto que costuma escutar rádio qual é o tipo de programa que ele ouve.

___

b) Reúna-se com os colegas e, com base nas respostas coletadas, façam uma lista dos tipos de programa transmitidos atualmente pelas emissoras.

c) Dos tipos de programa citados no texto, quais são ouvidos no rádio até os dias de hoje?

___

**2.** Há quantos anos o rádio existe no Brasil?

___

**3.** Leia o trecho de uma música gravada em 1936.

> **Cantoras do rádio**
>
> Nós somos as cantoras do rádio
> Levamos a vida a cantar
> De noite embalamos teu sono
> De manhã nós vamos te acordar
> Nós somos as cantoras do rádio
> Nossas canções cruzando o espaço azul
> Vão reunindo num grande abraço
> Corações de norte a sul
>
> João De Barro, Alberto Ribeiro e Lamartine Babo.
> Gravada por Carmen e Aurora Miranda em 1936.

a) Qual é o tema da música?

___

b) Sublinhe na letra da música o trecho que mostra o alcance do rádio nesse período.

## Gente que faz!

### Linha do tempo

Para estudar História é importante entender as divisões do tempo.

> A **linha do tempo** é uma forma de registrar os acontecimentos de um determinado período em uma sequência organizada. Ela pode ser dividida, por exemplo, em meses, anos e décadas.

Uma das divisões mais usadas é a década. Por exemplo: a década de 1940 inclui tudo o que aconteceu de 1941 até 1950. Pelas décadas, podemos ter mais facilidade para situar os acontecimentos históricos no tempo.

**Década:** período de 10 anos.

1. Em que ano você nasceu?

   _____

2. De qual década é o ano em que você nasceu?

   _____

3. O ano atual pertence a que década?

   _____

**4.** Escreva a que década pertence cada ano.

1915 _____     1945 _____

1970 _____     1938 _____

**5.** Trace uma linha do tempo e escreva os anos acima em uma sequência crescente.

**6.** Leia as frases e depois ligue-as ao ano correspondente.

Na década de 1920 foi fundada a Rádio Sociedade do Rio de Janeiro, a primeira emissora a operar de modo regular no Brasil.

1932

Na década de 1930, depois de autorizada a transmissão de propagandas, começou a era comercial do rádio.

1923

**7.** Pinte a etiqueta com a unidade de tempo que você usaria se fosse representar acontecimentos importantes de sua vida em uma linha do tempo.

meses     décadas     anos

# Televisão: do preto-e-branco ao colorido

A televisão chegou ao Brasil na década de 1950, trazendo surpresa e inovação. Os programas eram feitos ao vivo, e as imagens eram transmitidas em preto-e-branco. Foi só na década de 1970 que começaram as transmissões em cores no país.

Um dos primeiros programas infantis da televisão foi *Sítio do Pica-pau Amarelo*, inspirado nas histórias do escritor Monteiro Lobato.

Outro programa que fez sucesso na década de 1970 foi *Vila Sésamo*. Nele, havia atores que atuavam com bonecos animados (como o sapo Caco e o pássaro Garibaldo). O programa ensinava às crianças noções de matemática, língua portuguesa e meio ambiente.

*Sítio do Pica-pau Amarelo*, programa infantil em série, transmitido pela TV Tupi de 1952 a 1963, em São Paulo. O mesmo programa voltou a ser produzido pela Rede Globo de 1977 a 1986, e desde 2001 está no ar na mesma emissora.

*Vila Sésamo*, programa infantil em série, de origem norte-americana, produzido pela Rede Globo em parceria com a TV Cultura, entre 1972 e 1977. Esse programa voltou a ser produzido recentemente.

## Internet: o mundo conectado

Na década de 1990, as pessoas começaram a utilizar um novo meio de comunicação: a internet.

> A **internet** é uma rede que interliga computadores do mundo todo. Por meio dela é possível, por exemplo, acessar diversos tipos de informação, comunicar-se com amigos ou parentes em qualquer lugar do mundo ou conhecer pessoas.

**1.** Escreva nos quadrinhos da linha do tempo o número da imagem adequada para cada ano.

1960 — 1980 — 2000

**SUGESTÃO DE LEITURA**

**Liga-desliga**, de Camila Franco, Jarbas Agnelli e Marcelo Pires, Companhia das Letrinhas.

# Rede de Ideias

**ORGANIZAR**

**1.** Pinte de amarelo os quadrinhos em que estão escritos meios de comunicação tecnológicos.

- internet
- carta
- televisão
- revista impressa
- rádio
- jornal impresso
- telefone

**2.** Em algumas comunidades indígenas, há computador e internet. Leia o depoimento de Algemiro, do povo guarani.

> O computador é diferente da televisão. Ele não funciona sozinho. Precisamos lidar com ele. Por isso o chamamos de "caixa de guardar memória". Ele não fala, nem escreve sozinho. Acho que foi um grande avanço. Se soubermos usar, só pode ajudar. Se não soubermos, não vai ajudar. Temos um controle na aldeia: não é qualquer pessoa que pode mexer. Criança não pode.
>
> Disponível em: <www.redepovosdafloresta.org.br/drupal/?q=node/17>. Acesso em: outubro de 2007.

- De acordo com o depoimento de Algemiro, qual é a diferença entre a televisão e o computador?

_____
_____
_____

## REFLETIR

**3.** Leia o texto.

> Nos dias de hoje, apesar de todas as informações que os meios de comunicação tecnológicos oferecem, não podemos confiar em tudo o que foi dito ou escrito. Também precisamos ter cuidado com as informações que transmitimos.
>
> A internet provou ser um meio de aprendizagem valioso. Na fotografia, uma professora ajuda crianças a usar o computador (2001).

- Na sua opinião, quais são os aspectos positivos e os negativos da internet? Converse com os colegas e o professor antes de escrever sua resposta.

_____

_____

_____

## AMPLIAR

**4.** Com os colegas e o professor, escolham um tema sobre o qual vocês gostariam de conversar. Depois, selecionem notícias sobre ele (de jornais, revistas ou internet) e leiam os textos na classe. Além de conversarem sobre o tema, falem também dos meios de comunicação nos quais as notícias foram lidas, em que data elas foram publicadas e se há muitas diferenças entre elas.

# UNIDADE 6

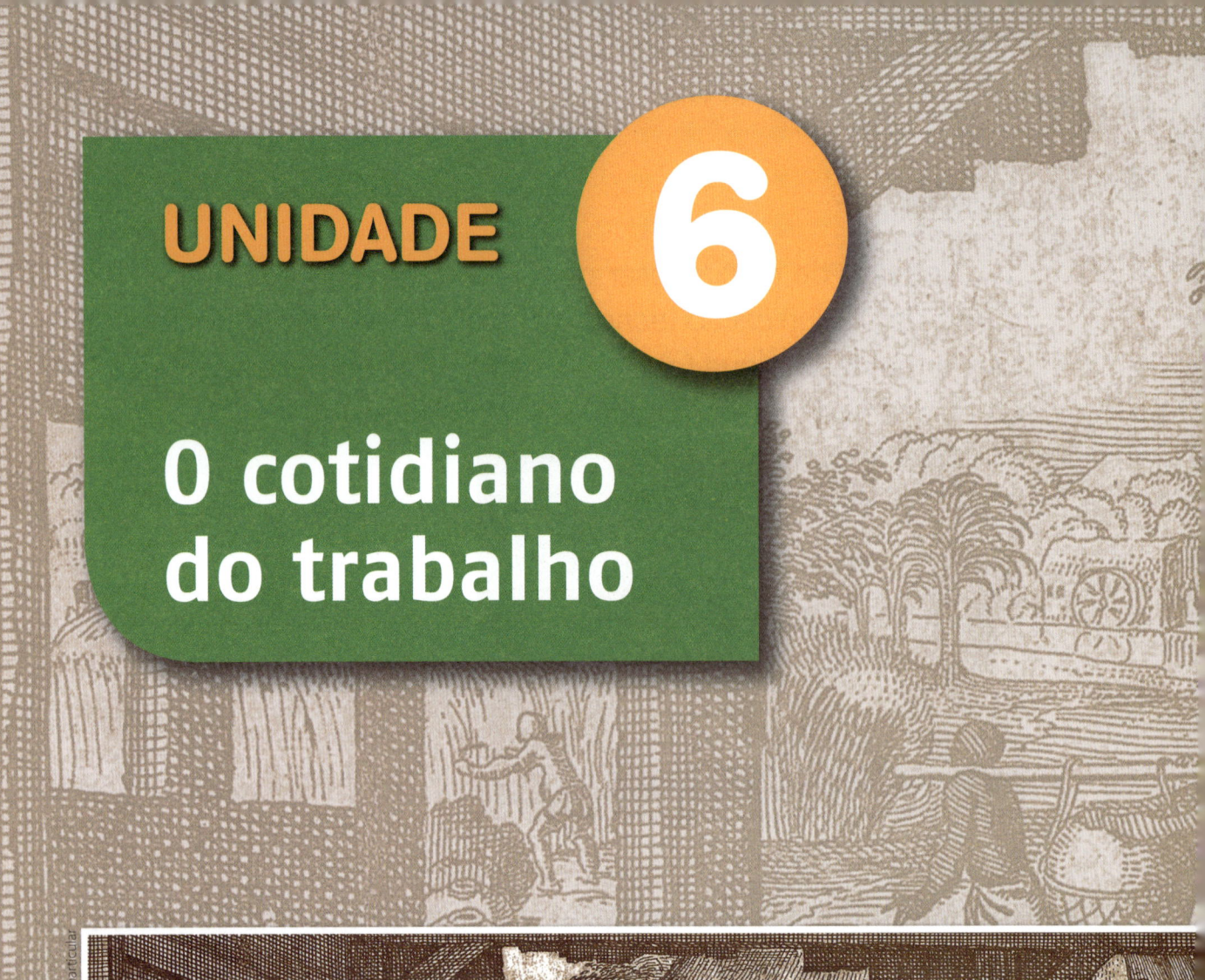

## O cotidiano do trabalho

Gravura de C. J. Visscher representa escravos trabalhando em engenho de açúcar de Pernambuco, em cerca de 1640.

Operários trabalhando na Companhia Martins Ferreira, fábrica de ferraduras de São Paulo, na década de 1910.

## IMAGEM E CONTEXTO

1. Observe as imagens.

    a) O que elas têm em comum?

    _____

    b) Quais são as diferenças entre as duas imagens?

    _____

    _____

    _____

2. Pesquise em jornais, revistas e na internet imagens de outros locais com pessoas trabalhando e cole-as em uma cartolina. Faça uma legenda para cada imagem e fixe o seu trabalho no mural da escola.

3. De acordo com as imagens e com a sua pesquisa, os locais de trabalho mudaram muito ao longo do tempo? Em quê?

# CAPÍTULO 1

# Trabalho e escravidão

Você já se perguntou de onde vêm todas as coisas que consumimos e utilizamos no dia-a-dia? Brinquedos, roupas, alimentos, móveis, livros, casas, computadores e outros produtos e serviços resultam do **trabalho** e da **cooperação** de muitas pessoas.

Na nossa sociedade, nos dias de hoje, a maioria das pessoas que trabalham recebe uma quantia em dinheiro por isso. É por meio desse dinheiro que elas garantem o seu sustento e o da sua família e tentam melhorar a sua condição de vida. Mas nem sempre foi assim...

## O trabalho escravo

No Brasil, durante quase 400 anos, a maior parte do trabalho foi feita pelos escravos. No começo da colonização, eram os indígenas. Mais tarde, passou-se a utilizar o trabalho de africanos escravizados.

Os escravos africanos eram trazidos pelos navios negreiros. Quando chegavam ao Brasil, eram vendidos em mercados públicos aos senhores, que os utilizavam em diversas atividades. As principais atividades eram as ligadas à produção de açúcar.

*Mercado de escravos*, óleo sobre tela de Johann Moritz Rugendas, 1834.

**1.** Na sua opinião, as pessoas trabalham apenas para ganhar dinheiro e comprar produtos? Converse com os colegas e o professor.

**2.** Muitas pessoas trabalham para que o feijão chegue à nossa mesa. Cite alguns desses profissionais.

Trabalhadores rurais na colheita de feijão, em Guaíra, estado de São Paulo, 2001.

_____

_____

**3.** Leia as frases e pinte os quadrinhos com a cor correspondente.

~~///~~ Há 200 anos

~~///~~ Nos dias de hoje

☐ Os serviços domésticos eram realizados por escravos.

☐ O trabalho realizado por qualquer pessoa deve ser remunerado.

☐ Por ordem de seus donos, os escravos vendiam produtos nas cidades.

☐ Há leis que determinam os direitos dos trabalhadores.

## O trabalho no engenho de açúcar

Há cerca de 300 anos, os engenhos de açúcar ainda eram a principal fonte de riqueza do Brasil. Cidades como Olinda, Recife (ambas em Pernambuco) e Salvador (na Bahia) enriqueceram por meio da produção de açúcar com trabalho escravo.

Um **engenho** era formado pela **casa-grande**, pela **senzala** e pelo **canavial**. Nele também havia geralmente uma capela e até um cemitério.

Na casa-grande moravam o senhor com sua família, e na senzala, os escravos.

Muitos escravos trabalhavam de 18 a 20 horas por dia. Havia trabalhos que também eram feitos por homens livres (indígenas e caboclos), como a limpeza do solo, o corte de lenha e o transporte da produção.

**1.** Observe a imagem e escreva o que é pedido.

*Engenho de açúcar*, de Johann Moritz Rugendas, 1835.

a) Lugar representado.

_____

b) Tipo de trabalho realizado pelos escravos.

_____

**2.** Numere o texto que corresponde a cada cena.

☐ O caldo da cana é secado e purificado até virar açúcar.

☐ A cana é transportada até a moenda em carros de boi.

☐ A cana-de-açúcar é moída e o caldo é cozido em tachos de cobre (aquecidos por caldeiras).

☐ No corte da cana pelos escravos, os homens vão à frente, cortando os pés de cana com foices, e as mulheres atrás, amarrando os feixes.

87

## O trabalho da mulher branca

As mulheres brancas de famílias abastadas dedicavam-se à criação dos filhos e ao trabalho doméstico, seja de bordar, fiar ou tecer. Cabia a elas também administrar o trabalho dos escravos na casa-grande.

Nas vilas e cidades coloniais, muitas mulheres, além de realizar os afazeres domésticos, precisavam garantir seu sustento e o de sua família. Para isso trabalhavam, em geral, como quituteiras, fiandeiras, costureiras e lavadeiras. Havia também mulheres roceiras, que possuíam uma pequena lavoura para o consumo da família e vendiam o que sobrava.

Nesta aquarela sobre papel de 1827, Jean-Baptiste Debret representou uma família pobre recebendo o dinheiro ganho por uma escrava que andou pelas ruas vendendo água.

Por volta de 1850, com a modernização de vilas e cidades, foram surgindo outras profissões femininas na área do comércio: modista, chapeleira e florista, entre outras.

## O trabalho das negras escravas e das libertas

As mulheres escravas trabalhavam na lavoura e nas casas de seus senhores, fazendo os serviços domésticos. Havia as que também trabalhavam nas ruas e nas casas de outras pessoas, como **escravas de ganho**.

As escravas e os escravos de ganho realizavam tarefas remuneradas e entregavam ao seu senhor uma parte do que ganhavam com o seu trabalho.

*Vendedoras de pão-de-ló*, aquarela sobre papel de Jean-Baptiste Debret, 1826.

Havia também muitas negras libertas, que trabalhavam em várias atividades, principalmente como vendedoras e lavadeiras.

**1.** Faça uma lista dos trabalhos que as mulheres brancas e negras desempenhavam no período colonial.

| Mulheres brancas | Mulheres escravas e libertas |
|---|---|
|  |  |
|  |  |
|  |  |
|  |  |
|  |  |

**89**

## CAPÍTULO 2

# O trabalho nas fábricas

Há pouco mais de 100 anos, surgiram as primeiras fábricas no Brasil. Nessa época, a escravidão havia sido abolida, isto é, o trabalho escravo não era mais permitido por lei. Surgiram as fábricas.

Os operários passaram a trabalhar em troca de salários, mas a rotina continuou sendo pesada e cansativa. Os trabalhadores exerciam suas atividades de 10 a 14 horas por dia, quase não tinham direito a descanso e recebiam salários muito baixos. Se ficassem doentes, podiam ser despedidos sem receber nada.

Operários em atividade na Fábrica de Tecidos Paulistana, na cidade de São Paulo, em cerca de 1900.

Nas fábricas a disciplina era bem rígida. Havia punições para quem faltasse ao trabalho, chegasse atrasado ou quebrasse alguma peça ou máquina. Não havia leis para proteger os trabalhadores.

1. Escolha uma fábrica ou indústria que existe na região onde você vive e conte aos colegas:
   a) o nome da empresa.
   b) o que ela produz.

2. Converse com um adulto e escreva alguns direitos que, nos dias de hoje, são garantidos aos trabalhadores.

**3.** Observe a fotografia e preencha o quadro com as informações pedidas.

Fiação e Tecidos Progresso da Fronteira, no Rio Grande do Sul, 1916.

| Nome da fábrica | |
|---|---|
| Produtos que fabricava | |
| Localização | |
| Quando a fotografia foi tirada | |
| Pessoas que trabalhavam | |

**4.** Atualmente, muitas máquinas e até robôs são usados nas indústrias. Você acha que, no futuro, o trabalho das pessoas será totalmente substituído por máquinas? Por quê?

**5.** Entre 1920 e 1930, os operários brasileiros passaram a lutar para que fossem criadas leis que os protegessem. Uma de suas conquistas foi a garantia do salário mínimo, em 1936.

- O que é salário mínimo? Converse com os colegas e o professor antes de responder.

_____
_____
_____

## O trabalho infantil nas fábricas

Para ajudar a família, os filhos dos operários também trabalhavam nas fábricas. Chegavam a trabalhar de 8 a 10 horas por dia e por isso mal tinham tempo para brincar.

Apesar disso, muitos encontravam tempo e disposição para estudar e ir à escola.

Crianças trabalhando na fábrica da Antarctica, na cidade de São Paulo, em cerca de 1910.

Leia o depoimento de dona Brites, professora por volta de 1930.

> Uma aluna de 11 anos trabalhava no turno da noite. Quando a fábrica apitava 4 horas ela saía da escola, ia para casa jantar. Entrava na fábrica às 6 horas e trabalhava até meia-noite.
>
> Outro menino trabalhava das 6 ao meio-dia, todo dia chegava atrasado porque saía da fábrica ao meio-dia e antes de 1 hora não podia estar na escola.
>
> Nicolina Luiza de Petta. *A fábrica e a cidade até 1930*.
> São Paulo: Atual, 1995. p. 33.

**1.** Embora o trabalho infantil seja hoje proibido por lei, muitas crianças ainda trabalham. Converse com os colegas sobre as dificuldades que essas crianças enfrentam e registre suas conclusões.

## Gente que faz!

### Memória oral

Na página anterior, você leu o depoimento de dona Brites. Uma das fontes para entender a História é a **memória oral**. Por exemplo: para descobrir como era o trabalho no passado, podemos conversar com pessoas mais velhas ou entrevistá-las. Quando elas contam suas experiências, contribuem para que fatos de uma determinada época sejam reconstruídos e preservados.

**1.** Entreviste uma pessoa idosa sobre suas condições de trabalho quando era jovem. Para isso, siga as orientações.

a) Use uma ficha para fazer o registro da entrevista e escreva na primeira linha o nome completo e a idade da pessoa.
b) Pergunte o que você acha importante e anote as respostas na ficha. Comece perguntando:
- o nome do local de trabalho
- quantas horas por dia trabalhava
- o tipo de trabalho que realizava
- quais eram as suas obrigações

- Conte aos colegas o que você achou mais interessante nessa entrevista.

**SUGESTÃO DE LEITURA**

**Procura-se Lobo**, de Ana Maria Machado, Ática.

# REDE DE IDEIAS

**ORGANIZAR**

**1.** Este trecho de poema trata de um produto muito usado no mundo todo. Que produto é esse? Que importância ele teve na economia colonial?

> O branco açúcar que adoçará meu café
> nesta manhã de Ipanema
> não foi produzido por mim
> nem surgiu dentro do açucareiro por milagre.
>
> O açúcar. In: Ferreira Gullar. *Toda poesia*.
> Rio de Janeiro: José Olympio, 2000. p.165.

**2.** Marque com um **X** o quadrinho ao lado da legenda adequada a esta imagem.

Escravos trabalhando para encaixotar o açúcar.

Escravos trabalhando em uma moenda de cana-de-açúcar.

*Pequena moenda portátil*, obra de Jean-Baptiste Debret, século XIX.

**3.** Escreva duas diferenças entre os escravos africanos e os operários das fábricas.

_____

_____

## REFLETIR

**4.** Leia o texto.

> Há profissões que no passado eram exercidas apenas por homens e que atualmente também são exercidas por mulheres, tais como motorista de ônibus, engenheira de obras, juíza, entre outras.

Uma motorista de ônibus (1999).

- Há profissões em que o número de profissionais mulheres é maior que o de homens e vice-versa. Na sua opinião, existem profissões mais apropriadas para homens e outras para mulheres? Por quê?

## AMPLIAR

**5.** Faça uma pesquisa para descobrir há quanto tempo o trabalho escravo é proibido no Brasil.

_____

_____

# Convivência

## Voluntariado

A maioria dos trabalhadores recebe um salário pelas atividades que realiza. Contudo, há pessoas que trabalham como voluntárias, ou seja, realizam tarefas sem cobrar nada.

Muitas escolas organizam projetos que, por meio do trabalho voluntário, exercitam valores como solidariedade, cooperação, comprometimento e respeito às diferenças e ao meio ambiente.

Um exemplo é o da Escola Estadual Dr. Marcello Candia, de Porto Velho (em Rondônia). Em 2007, ela desenvolveu um projeto chamado **Oitava série em ação**, com o objetivo de integrar os alunos do 9º ano com os do Ensino Fundamental I.

Durante o intervalo, os estudantes do 9º ano brincam com as crianças, resgatando até mesmo algumas características do folclore brasileiro. O trabalho dos alunos é acompanhado pela direção da escola, por professores e técnicos.

**Oitava série:** último ano do Ensino Fundamental.

Estudantes de Brasília confeccionam a "colcha da solidariedade", símbolo contra o preconceito sobre portadores do vírus HIV, no Dia Mundial de Combate à Aids, 1º de dezembro de 2003.

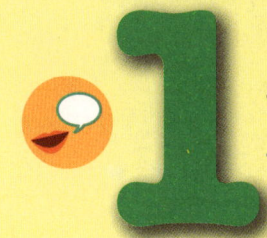

**1** Você conhece alguém que faça algum trabalho voluntário? Que tipo de trabalho essa pessoa realiza?

**2** A escola onde você estuda tem algum projeto de voluntariado? Qual?

_____

**3** # Sua vez!

Reúna-se com dois colegas. Pesquisem um trabalho voluntário realizado na cidade onde vocês moram. Para isso, sigam as orientações.

- Procurem notícias (em jornais, revistas e na internet) sobre esse projeto de trabalho voluntário.
- Separem as melhores informações e imagens.
- Montem um cartaz com os materiais que vocês conseguiram e apresentem o trabalho aos outros colegas.

• Depois de assistir às apresentações dos colegas, responda:

a) Qual o projeto que você achou mais interessante?

_____

b) Você ficou com vontade de realizar um trabalho voluntário? Qual?

_____

c) Na sua opinião, o trabalho voluntário é importante? Por quê?

_____

# UNIDADE 7

## O trabalho indígena

Crianças yalawapitis (2003).

Grupo guarani do Espírito Santo (1998).

...ulher ianomâmi (1991).

Grupo caiapó apresentando dança ritual em São Paulo (2004).

## IMAGEM E CONTEXTO

**1.** Observe as fotografias. Podemos afirmar que os indígenas formam um único povo? Por quê?

_____

_____

**2.** Qual trabalho indígena pode ser observado nas fotografias?

_____

**3.** Você conhece ou já ouviu falar de ao menos um dos povos indígenas das fotografias? O que você sabe sobre ele?

## CAPÍTULO 1

# Quem são os indígenas?

Os portugueses chegaram há mais de 500 anos às terras onde se formaria o Brasil. Estima-se que nessa época havia de 2 a 4 milhões de indígenas ocupando esta região do Novo Mundo. Eles pertenciam a quase mil povos diferentes.

**Novo Mundo:** um dos nomes dados à América pelos europeus.

*Descobrimento do Brasil*, óleo sobre tela de Oscar Pereira da Silva, 1937.

Ao longo de séculos de colonização, a população indígena diminuiu muito por causa das guerras com os brancos, da escravização e principalmente das doenças trazidas pelos europeus.

Atualmente no Brasil eles são cerca de 600 mil e a maioria vive em terras indígenas, concentradas nas regiões Norte e Centro-Oeste, apesar de estarem presentes em quase todos os estados do país. São mais de 200 povos ou etnias, que falam mais de 180 línguas diferentes. Desses povos, cerca de 40 permanecem isolados.

**Etnia:** população ou grupo social com língua e características culturais parecidas, que compartilha história e origem comuns.

Existe uma grande diversidade entre os povos indígenas do Brasil. Há diferenças de organização social, língua, religião, hábitos alimentares, festas e moradia.

**1.** Observe a obra de Oscar Pereira da Silva, na página anterior.

a) Qual é o nome da obra?

_____

b) Quem são as pessoas retratadas?

_____

**2.** O que podemos concluir ao compararmos o número de povos indígenas no Brasil há 500 anos e atualmente?

_____

**3.** Marque com um **X** as frases verdadeiras.

☐ Os povos indígenas chegaram ao Brasil depois dos portugueses.

☐ Atualmente há povos indígenas em todas as regiões do Brasil.

☐ A maioria dos povos indígenas fala a mesma língua.

☐ Nos dias de hoje, a minoria dos povos indígenas permanece isolada.

**4.** Observe a fotografia e responda.

Grupo de caiapós (1989).

a) Esses indígenas mostram ter adquirido costumes da sociedade em que você vive? Quais? _____

_____

_____

b) Crie uma legenda para esta fotografia.

_____

101

# O trabalho indígena

Os indígenas trabalham diariamente para garantir a sua sobrevivência. Entre as atividades que realizam, podemos destacar: derrubada da mata para o plantio, plantação, pesca, caça, coleta de frutos na floresta, busca de lenha para o fogo, preparo da comida, construção de casas, fabricação de redes, arcos, flechas e cestos.

Roça de abacaxis dos Tucano, Amazonas (2002).

Um krahó em atividade de pesca, Tocantins (1997).

O trabalho dos povos indígenas tem intensa relação com a natureza. Por isso sua vida é mais afetada pelas mudanças que acontecem no seu meio ambiente.

A pesca é uma importante atividade dos indígenas. Mas às vezes ela é bastante difícil. É o que acontece com os Asurini do Tocantins, que precisam esperar alguns meses até as águas baixarem nos lagos junto à aldeia. Nesse período, toda a família se desloca e passa vários dias acampada em lugares distantes de onde vive, à margem de rios onde a pesca é mais compensadora.

**1.** Converse com os colegas e o professor sobre o sentido da frase:

> Os indígenas trabalham para viver, não vivem para trabalhar

**2.** Desembaralhe as letras e descubra algumas atividades que os indígenas realizam no seu dia-a-dia.

| ecsap | ltoipna | ltecao | çcaa |

_____  _____  _____  _____

**3.** Escreva três atividades realizadas pelos indígenas que não são ligadas à alimentação.

_____

**4.** Descubra a frase falsa e escreva-a da forma correta.

- O trabalho dos indígenas é fundamental para a sua sobrevivência.
- A pesca nos lagos próximos à aldeia dos Asurini do Tocantins é farta o ano inteiro.
- Fabricar cestos, arcos e flechas é uma atividade realizada pelos indígenas.

_____

_____

## Trabalhar respeitando a natureza

Os indígenas retiram da natureza o necessário para a sua sobrevivência, a construção de casas, cestos, arcos e objetos rituais, por exemplo.

Como em todas as sociedades humanas, as sociedades indígenas enfrentam conflitos e problemas em seu cotidiano.

Em muitas regiões, há disputas violentas pela posse da terra entre indígenas e garimpeiros que algumas vezes acabam em morte. Muitas sociedades indígenas também lutam na Justiça para garantir o direito sobre a terra, que é o seu patrimônio mais precioso.

Um exemplo de como os indígenas usam os recursos naturais é o modo como eles lidam com a terra: uma vez por ano derrubam uma pequena área de floresta para plantar. As árvores derrubadas são queimadas, pois eles acreditam que isso ajuda a fertilizar o solo. Depois, fazem pequenas roças, onde são plantados alimentos como feijão, milho e mandioca.

As roças são abandonadas depois de dois anos. Assim, o solo cultivado tem tempo para se recuperar e novas árvores começam a crescer.

**1.** Por que os indígenas não plantam suas roças sempre no mesmo lugar?

_____

_____

**2.** Leia a declaração de Valdemar Tókfyn, do povo Kaingang.

> "As florestas são como o pai", dizia Valdemar Tókfyn, do povo Kaingang, "porque nas suas sombras a gente se abriga. Não vê quando se dá um sol forte, as crianças se abrigam no pai? Assim é a floresta para nós".
>
> Egon Heck e Benedito Prezia, coordenação de Wanderley Loconte. *Povos indígenas: terra é vida.* São Paulo: Atual, 1999. p. 42.

a) Qual foi a comparação feita por Valdemar?

_____

b) Na sua opinião, as pessoas que vivem nas cidades têm esse mesmo sentimento em relação às florestas? Por quê?

_____

_____

**3.** Releia o trecho que conta como os povos indígenas lidam com a terra. Faça desenhos para representar essas atividades.

**4.** Observe as fotografias e leia as legendas.

Agricultura dos Xavante.

Plantação de soja no Paraná.

- Na sua opinião, qual é a diferença mais marcante entre as duas?

___

___

**105**

# CAPÍTULO 2

# O dia-a-dia em uma aldeia indígena

Em uma aldeia indígena normalmente cada habitante sabe fazer de tudo. Não há especialização do trabalho nem divisão de profissões. A única divisão que existe é entre homens e mulheres, e as tarefas de cada um variam de acordo com a etnia e a tribo ou nação.

Geralmente os homens fazem as atividades mais pesadas, como caçar, preparar as roças e elaborar objetos de madeira (como arcos e flechas). As mulheres realizam tarefas como fiar, tecer, colher alimentos, cozinhar e fazer objetos (como cestos e vasos).

Mulheres ianomâmis de Roraima descascam mandioca (1991).

Menino da tribo matsé do Amazonas descansa na casa de farinha (1992).

Leia o texto escrito em 1997 pelos professores indígenas da comunidade pataxó localizada no município de Carmésia, em Minas Gerais.

**O cotidiano do homem pataxó**

O homem já trabalha mais pesado do que nós, mulheres. Logo cedo, tomam o café e, em seguida, vão para a roça plantar e capinar. À noite, caçam, buscam lenha no mato, fazem cercas, ajudam os companheiros na plantação de roça, pescam, fazem casas e artesanatos de madeira e também têm obrigação de cuidar bem da família.

**O cotidiano da mulher pataxó**

(...) Nós, mulheres, trabalhamos muito em casa. Acordamos cedo para fazer o café, para o homem sair para o trabalho, logo arrumamos a casa, lavamos vasilhas e roupas e, em seguida, fazemos o almoço.

Também cuidamos das crianças e, muitas vezes, ajudamos os homens na roça. Depois do almoço, fazemos artesanatos, capinamos em volta da casa, varremos o terreiro, alimentamos as criações ou vamos à roça colher alimentos para o jantar.

Angthichay. *O povo pataxó e suas histórias*.
São Paulo: Global, 2002. p. 38.

**1.** Nas aldeias indígenas, há divisão de trabalho entre homens e mulheres. Na região onde você vive, essa divisão é parecida? Explique.

**2.** Desenhe em uma folha à parte uma das atividades desempenhadas pelos Pataxó que você realizaria. Exponha seu desenho na sala de aula.

- Conte aos colegas por que você escolheu essa atividade.

## O casamento entre os Bororo

As sociedades indígenas costumam marcar cada etapa da vida com um ritual. Por exemplo: quando um menino ou menina nasce, quando um jovem chega à adolescência ou quando alguém se casa.

Os indígenas fazem essas cerimônias para mostrar que cada indivíduo pertence a seu grupo social e aceita suas regras.

Rito de passagem dos Bororo, de jovem para adulto, na aldeia Garça, em Mato Grosso (2002).

Na comunidade bororo, normalmente é a jovem quem diz ao moço que é com ele que ela deseja se casar. Para isso, ela lhe prepara uma refeição. A mãe da moça, então, entrega a refeição ao jovem na cabana dele. Caso o rapaz aceite o pedido de casamento, ele come o que foi oferecido. Se não quiser, não toca na comida.

**1.** Na sua família há algum ritual? Qual? Conte para os colegas e o professor.

**2.** Copie as frases, mas corrigindo as informações.

a) O jovem normalmente escolhe a moça com quem deseja se casar.

b) Caso o rapaz aceite a proposta de casamento, ele não toca na comida.

## Gente que faz!

## Diversidade cultural

As sociedades humanas têm modos de vida e valores que podem ser bastante variados. É no cotidiano que podemos perceber as semelhanças e diferenças que existem entre as sociedades. Chamamos isso de **diversidade cultural**.

O texto a seguir foi escrito por uma criança pataxó. Por meio dele, sabemos um pouco mais sobre o cotidiano dessas crianças hoje.

> **Minha vida na aldeia**
>
> Na aldeia Pataxó, nós levantamos bem cedinho. (...)
> Depois de comer, as crianças vão para a escola, e os pais para a roça, capinar nas culturas e assim continuar trabalhando. O artesanato é nosso meio de sustento. (...)
> As mulheres trabalham na roça e as crianças também ajudam os pais, mas em trabalhos maneiros, como aprender a colher e a semear milho. (...)
>
> Angthichay. *O povo pataxó e suas histórias*. São Paulo: Global, 2002. p. 35.

**1.** Pense no seu dia-a-dia. O que há de parecido e de diferente entre a sua rotina e a de uma criança pataxó?

**SUGESTÃO DE LEITURA**

**Kabá Darebu**, de Daniel Munduruku, Brinque-Book.

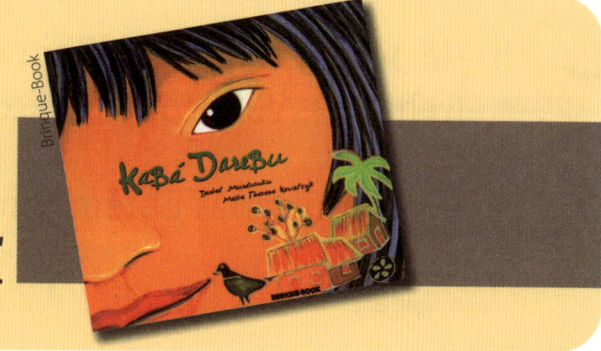

# REDE DE IDEIAS

**ORGANIZAR**

**1.** Leia.

> Antes de começarem a fazer parte da nossa sociedade, calcula-se que entre os índios ninguém trabalhava mais do que quatro horas por dia, em média. Esse tempo era suficiente para garantir a comida, cuidar dos filhos, construir malocas e todas as outras tarefas indispensáveis para a sobrevivência. As outras horas destinavam-se a pensar, às festas e rituais, à arte e à criação.
>
> Fernando Portela e Betty Mindlin. *A questão do índio.* São Paulo: Ática, 2004. p. 44.

a) Escreva as informações pedidas.

- Função do trabalho indígena:

  _____

- Atividades em que os indígenas ocupam a maior parte do seu tempo:

  _____

b) Há pessoas que acreditam que os indígenas não gostam de trabalhar. Você concorda com essa forma de pensar? Por quê?

**2.** Como os indígenas obtêm comida?

**REFLETIR**

**3.** Na sua opinião, o que os indígenas podem ensinar sobre o seu relacionamento com a natureza? Converse com os colegas e o professor.

**AMPLIAR**

**4.** Cada povo indígena tem lendas que fazem parte de sua cultura. Leia uma delas.

### A lenda do guaraná

Na tribo dos Maués, um lindo e bondoso curumim foi atacado na mata por Juruapari, espírito do mal que, assumindo a forma de uma serpente peçonhenta, o picou e matou. Tupã, o Deus supremo dos indígenas, vingou-se do espírito mau regando com suas chuvas o túmulo do indiozinho. Dali, germinou uma planta benéfica, cujos frutos se assemelhavam aos olhos grandes da criança desaparecida. Era o guaraná, que, a partir de então, passou a trazer saúde e felicidade para a tribo.

Frutos do guaraná.

Disponível em: <www.contadores-de-estorias.org/lenda3.html>.
Acesso em: outubro de 2007.

a) Há palavras no texto que você não conhece? Quais?

b) Por que, segundo a lenda, o fruto do guaraná tem olhos grandes?

111

# UNIDADE 8

## Trabalho e lazer

## IMAGEM E CONTEXTO

1. A imagem representa um teatro mambembe, que vai de cidade em cidade, levando o cenário, o figurino, entre outros elementos. Você já ouviu falar desse tipo de teatro? Conte aos colegas como imagina que ele é.

2. Muitos profissionais são necessários para uma peça de teatro ser apresentada. Que profissionais de teatro você conhece?

   _____

3. Cite trabalhadores que atuam para oferecer lazer e diversão às pessoas em outras áreas.

   _____

## CAPÍTULO 1

# É hora de se divertir

No Brasil, existem diversas manifestações culturais. Elas são resultado da influência dos diversos povos que formaram nosso país, como os indígenas, os africanos, os europeus, os orientais e os ciganos, que ao longo do tempo foram trocando e passando conhecimento de geração para geração.

**Cigano:** povo originário do norte da Índia, que é tradicionalmente nômade, isto é, não tem moradia fixa.

Existem muitas pessoas que trabalham para fazer os outros aprenderem e se divertirem. Há, por exemplo, os artistas, que são os trabalhadores que fazem o circo, o teatro, o cinema, a música, a televisão, as histórias em quadrinhos e os livros.

Os personagens de teatro de vara são manipulados por artistas, que dão movimento e voz aos bonecos. Na fotografia, o espetáculo **Cabaré dos quase-vivos** (2006).

1. Procure, em jornais ou revistas, propagandas de espetáculos que estão em cartaz na sua região. Monte com os colegas um painel com o material trazido por todos.

2. Marque com um **X** a frase que explica por que há no Brasil uma grande diversidade cultural.

    ☐ Os brasileiros são muito criativos.

    ☐ Há muitos artistas no Brasil.

    ☐ O Brasil sofreu a influência cultural de diferentes povos.

3. Complete a cruzadinha com os povos que influenciaram a cultura brasileira. As letras iniciais de cada um já foram colocadas.

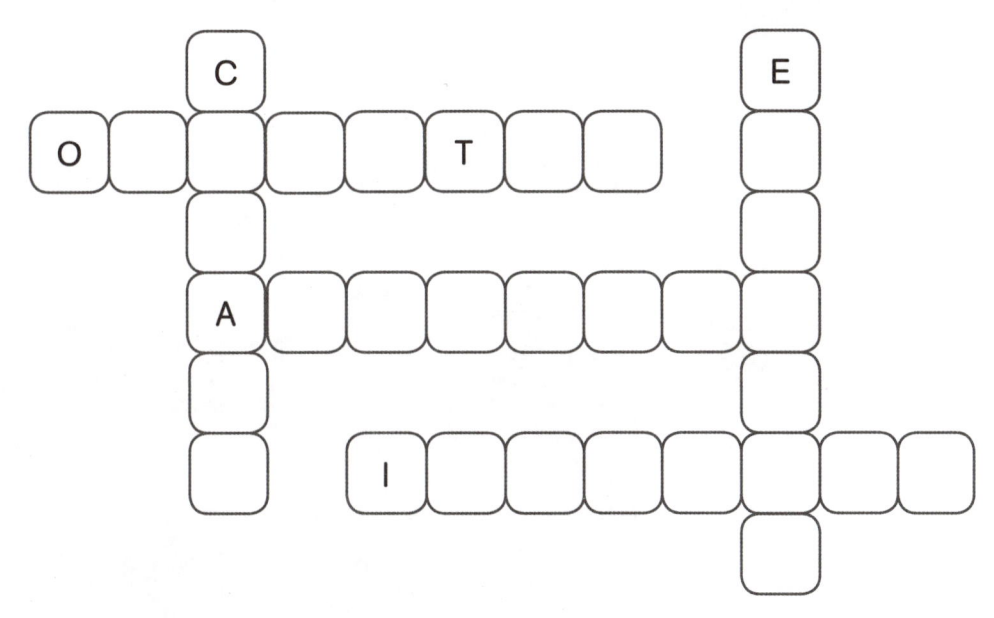

4. Procure no diagrama cinco nomes de atividades voltadas à diversão e à cultura.

```
Q W R T E A T R O M N O P E R K M N B
V I U A S D P O L I T M Ú S I C A T E
S T R A V S W S M N O C I N E M A B J
L P S T E L E V I S Ã O B I N B A U N
P O I M N B O L I C I R C O C H M I T
```

115

# O circo é muito antigo

O circo é uma forma de diversão muito antiga e popular. Pinturas rupestres encontradas na China indicam que a arte do circo já era praticada há mais de 5000 anos.

Nas pirâmides do Egito também foram encontrados desenhos que mostram a presença do circo nessa civilização.

**Rupestre:** gravado em rocha.

No Brasil, o circo se tornou popular há cerca de 150 anos.

Em geral, a arte do circo é uma tradição familiar e itinerante, isto é, que se desloca sempre.

Os mais velhos ensinam às crianças as atividades do circo. Todo o conhecimento é passado de geração para geração.

O circo, óleo sobre tela de Alexandre Rosalino, de 2007.

A Companhia Carroça de Mamulengos é formada por uma família circense.

**1.** Se você pertencesse a uma família circense, que trabalho gostaria de fazer? Desenhe e mostre aos colegas e ao professor.

**2.** A caravana do circo se desloca de cidade em cidade. Quais as vantagens e desvantagens disso para as crianças que fazem parte dessa caravana?

## Gente que faz!

## Os palhaços

Uma figura muito importante do circo é o palhaço. No Brasil, um dos mais importantes foi Abelardo Pinto, o Piolim. Ele nasceu no ano de 1897 e desde muito pequeno trabalhou como ciclista, saltador, acrobata e contorcionista. Leia o que ele nos conta da sua infância.

> Não fui como os outros meninos, que entravam no circo por baixo do pano. Nasci dentro dele e levava uma vida que causava inveja aos outros garotos. Eu, do meu lado, tinha inveja deles. Eles tinham uma casa, tinham seus brinquedos comuns e podiam ir diariamente à escola. Eu começava a frequentar um colégio e o circo se transferia. Lá ficava eu sem escola.
>
> Disponível em:
> <iar.unicamp/docentes/luizmonteiro/piolim.htm>.
> Acesso em: outubro de 2007.

Abelardo Pinto, o palhaço Piolim, na década de 1950.

O sonho de Piolim era construir uma escola de circo. Morreu em 1973 sem realizar esse sonho. Cinco anos depois, uma escola de circo foi aberta em São Paulo e ganhou o seu nome em homenagem aos mais de 50 anos dedicados por ele ao circo e às crianças de todo o Brasil.

1. Reúnam-se em grupos para pesquisar a vida de outros palhaços que foram famosos no Brasil.

# CAPÍTULO 2

## É hora de trabalhar e de sonhar

Além dos artistas que aparecem nas cenas de um espetáculo, representando ou cantando, há muitos outros trabalhadores que também são fundamentais para que as pessoas se divirtam.

Cenógrafos preparam desfile de moda em São Paulo (2007).

Bilheteira vende ingressos em um teatro.

Antes de uma peça de teatro ser encenada, por exemplo, ela é escrita por alguém, que é o autor ou escritor. Há também outros profissionais envolvidos nessas produções: pessoas que trabalham com a iluminação, os cenários, as roupas, técnicos de som, de imagem, diretores, produtores e bilheteiros.

Esses profissionais não aparecem tanto quanto os atores, mas são muito importantes, porque sem eles o espetáculo não aconteceria.

## O teatro de bonecos

O teatro de bonecos também é uma forma muito antiga de cultura e de diversão. Nesse tipo de espetáculo, não há pessoas que ficam em evidência, mas seu trabalho é imprescindível para dar vida aos bonecos.

No Brasil, existem diferentes tipos de teatro de bonecos: os fantoches, os bonecos de vara, as marionetes e outros tipos, como o *bunraku*, de tradição japonesa.

Nas diversas regiões brasileiras, o teatro de fantoches recebe nomes diferentes: **briguela** ou **joão-minhoca**, em Minas Gerais, São Paulo e Rio de Janeiro; **mané-gostoso**, na Bahia, e **mamulengo** ("mão molenga"), em Pernambuco.

Espetáculo de *bunraku*, manipulação de bonecos, em Kumamoto, Japão (2003).

Homem manipula marionetes em Oregon, EUA (2004).

Teatro de fantoches em Guanzhou, China, 1990.

**1.** Você conhece alguém que faz algum dos trabalhos mencionados no texto? Escreva o nome desse trabalho e descreva-o.

_____

_____

**2.** Você gostaria de fazer algum desses trabalhos? Qual deles?

_____

**3.** Conte aos colegas e ao professor algo que você aprendeu vendo ou lendo um trabalho desses artistas.

# O mamulengo

O **mamulengo** é um teatro de fantoches muito importante e tradicional na região Nordeste. As histórias contam os dramas da vida cotidiana do povo de maneira engraçada e descontraída.

Quem dá vida aos bonecos é o mestre mamulengueiro: ele inventa histórias divertidas, muitas vezes improvisadas, de acordo com a reação do público.

Museu do Mamulengo, em Olinda, Pernambuco (2007).

Geralmente os bonecos são feitos de madeira, de cabaça, de papel machê ou de espuma de náilon.

Veja o que nos conta o mestre Chico Daniel, que nasceu no município de Açu, no estado do Rio Grande do Norte, e faz parte de uma família de mestres mamulengueiros.

> "A primeira vez que vi um mamulengo foi andando mais meu pai. Ele andava de fazenda em fazenda e a gente mais ele. A gente era tudo menino pequeno. Eu achei bom aquele trabalho. (...) A gente tocava para os bonecos do meu pai", diz Chico [Daniel], lembrando que foi naquela época (anos 1950-60) que ele sentiu vontade de aprender a arte dos mamulengos: "Mamãe fez um paninho para mim e eu armava assim num canto de parede e meu pai fez uns bonequinhos da cabeça pequena. Foi assim que comecei a praticar".
>
> Disponível em:
> <www.overmundo.com.br/overblog/chico-daniel-saudades-do-mestre-mamulengueiro>.
> Acesso em: outubro de 2007.

**1.** O que é mamulengo?

_____

_____

**2.** Explique o trabalho de um mestre mamulengueiro.

_____

_____

_____

**3.** Releia o depoimento da página anterior e responda.

a) Quem deu o depoimento e o que ele faz?

_____

b) Quando ele se interessou pela arte dos mamulengos?

_____

c) Como ele começou a praticar essa arte?

_____

_____

**4.** O trabalho do mestre mamulengueiro é artesanal. Muitas vezes é passado de pai para filho e requer muita dedicação para ser aperfeiçoado. Dê exemplo de outro trabalho como esse e explique a diferença.

_____

_____

**5.** Você já assistiu a um espetáculo de teatro de bonecos? Conte como foi.

# O escritor: inventor de histórias

A leitura também é uma forma de aprender e de se divertir.

No Brasil, um dos pioneiros da literatura infantil foi o grande mestre Monteiro Lobato.

Quando pequeno, ele era chamado de Juca. Gostava de brincar de bonecos feitos de milho, pescar no rio, subir em árvore e comer fruta no pé, lá na fazenda onde vivia, no interior do estado de São Paulo.

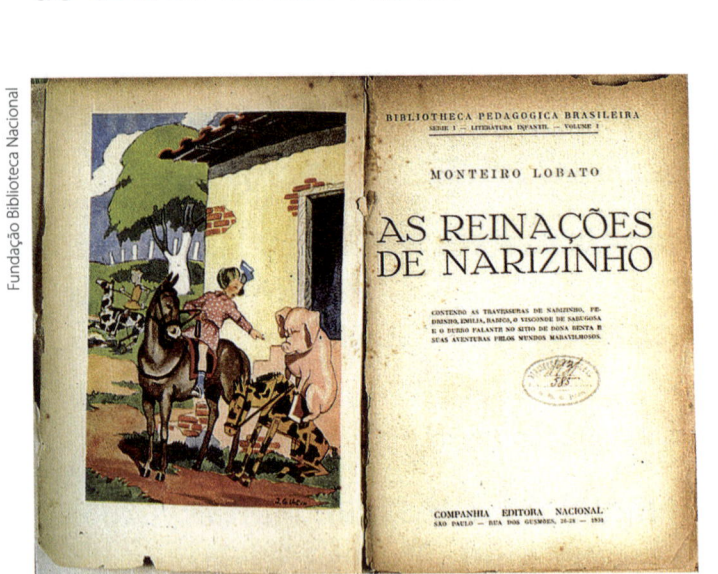

O escritor Monteiro Lobato, em fotografia de cerca de 1920.

Juca adorava a biblioteca de seu avô e passava horas lendo e folheando os livros e as revistas ilustradas.

Quando conhecemos um pouco da infância de Monteiro Lobato, podemos entender de onde ele tirou as ideias para criar os seus personagens e as suas histórias.

1. Pesquise e escreva nomes de outros autores brasileiros de livros infantis.

_____
_____
_____

> São Paulo, 26/06/1934
>
> Amigo Monteiro Lobato
>
> Você faz bem em escrever este livro porque eu estou estudando gramática (...). A professora me mandou decorar uns verbos e quando eu li o seu livro aprendi tudo.
>
> O pedaço que gostei mais foi na hora que eles foram visitar os vícios da pronúncia. Muito obrigado pelo lindo presente. (...)
>
> Alariquinho

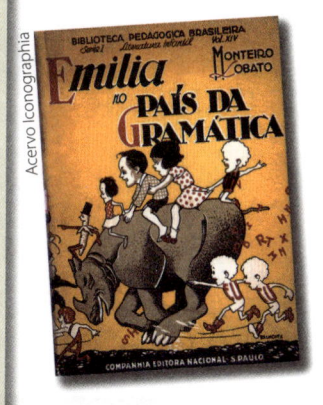

Disponível em: <www.projetomemoria.art.br/MonteiroLobato/monteirolobato/carta.html>.
Acesso em: outubro de 2007.

O livro de que Alariquinho falou na carta é *Emília no País da Gramática*. Por meio dessa carta, também ficamos sabendo que a professora dele ensinou os verbos de um jeito que não é mais utilizado hoje em dia. A carta é assinada por Alariquinho, um nome que não é comum nos dias atuais.

Viu só? Em cartas, fotografias, documentos e outros objetos, há muita história para ser contada e para ser descoberta!

**2.** Peça a um adulto para mostrar a você uma carta, uma fotografia ou outro objeto e contar algo a respeito. Registre o que você descobrir e depois conte aos colegas.

**SUGESTÃO DE LEITURA**

**Um homem no sótão**, de Ricardo Azevedo, Ática.

# Rede de Ideias

**ORGANIZAR**

1. Observe as fotografias. Escreva o que você imagina que cada um destes profissionais faz.

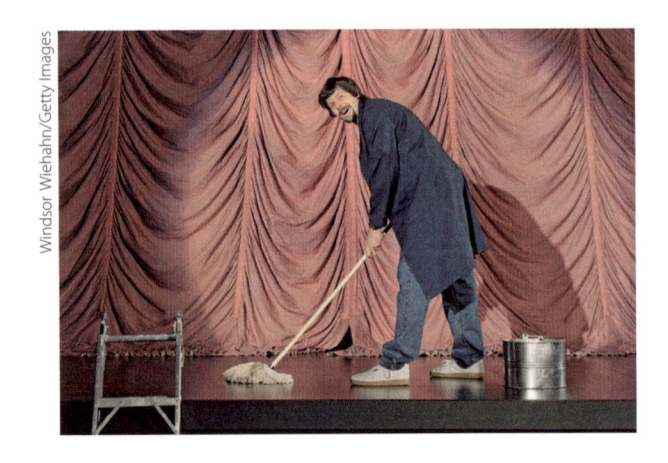

   _____

   _____ _____

2. Escolha um livro que você leu e de que gostou e responda.

   a) Quem é o autor?

   _____

   b) Por que você gostou?

   _____

**3.** Leia o texto e marque com um **X** a frase que se refere a ele.

> As crianças circenses (...) eram de responsabilidade de todos. (...) mesmo que perdessem seus pais nunca eram abandonadas, sempre seriam absorvidas pela "família circense".
>
> Erminia Silva e Rogério Sette Câmara. *O ensino de arte circense no Brasil.*
> Breve histórico e algumas reflexões.
> Disponível em: <www.pindoramacircus.arq.br/escolas/edumina.htm>.
> Acesso em: outubro de 2007.

☐ Em uma companhia de circo só podem trabalhar os familiares dos artistas.

☐ A solidariedade é uma característica das famílias circenses.

## REFLETIR

**4.** Compare as imagens destas duas apresentações e aponte semelhanças e diferenças entre elas.

Espetáculo teatral no Brasil em cerca de 1900.

Espetáculo teatral no Brasil em 2007.

## AMPLIAR

**5.** Pense em como pode ser a vida de uma criança de circo. Como é a sua rotina? Quando ela vai à escola? O que acontece quando o circo muda de cidade? Pense principalmente em suas alegrias e decepções.

# Convivência

## Teatro de bonecos

Pedro Giolo é um barbeiro de Taubaté que faz bonecos. Leia o texto que fala um pouco sobre ele e sua arte.

> Giolo é antes de tudo um artesão (...). Nos seus calungas ele emprega até casca de ovo, tricô desfiado, pedaços de fósforos ou cabelo humano!
>
> (...)
>
> De repente, Giolo para de falar. Cata um punhado de materiais os mais diversos. Arruma tudo, com cola. Num instante, ele fez uma magnífica "quarentona" – de lábios muitos pintados, óculos "ray-ban" e enfeites exagerados.
>
> (...) A cabeça é um pião invertido; a base é uma caixinha de fósforo; os lábios: um pedaço de pano, bem vermelho; cigarro: um nada de papel; nariz: canto de rolha; óculos: fechinho de lata; orelhas: nesga de borracha; cabelos: cabelo louro, mesmo.
>
> Luiz Ernesto. *Giolo, caboclão-barbeiro: o Aleijadinho de Taubaté*. Disponível em: <www.jangadabrasil.com.br/revista/dezembro85/of85012c.asp>. Acesso em: outubro de 2007.

A peça teatral infantil *O sumiço da galinha Maristela*, do grupo Mulungu, em encenação de 2007, é um dos belos exemplos de teatro de bonecos no Brasil.

Que tal seus colegas e você imitarem a arte de Giolo e dos mestres mamulengueiros?

## Fazendo arte

**1.** Comecem pensando em um tema para a história a ser encenada com os bonecos. Imaginem os personagens que farão parte dela e escrevam a história.

**2.** Recolham diferentes tipos de sucata para montar os bonecos.

**3.** Façam uma lista das pessoas que serão convidadas para assistir à apresentação, preparem e distribuam os convites.

**4.** Depois da apresentação, construam um texto coletivo contando como foi a experiência e guardem esse texto como lembrança do ano que se encerra.

# Sugestões de leitura

## Unidade 1

- Marcelo Xavier. **Tot**. Belo Horizonte: Formato, 2006.

    Um elevador leva Tot a uma casa muito diferente, com elementos mágicos, pra lá de animados. Para entrar nas salas, é preciso um olhar especial, um raio de luz ou uma chave inventada. O livro mostra que a criatividade e a originalidade estão dentro da gente, mas precisam ser despertadas.

## Unidade 2

- Kurusa. **A rua é livre**. São Paulo: Callis, 2002.

    Na favela, não há onde brincar. Só há casas e mais casas, escadarias, entulho e muito lixo. Perto da avenida há um terreno vazio, e as crianças querem um parque lá. Ajuda da Câmara de Vereadores não conseguem, e os moradores da favela têm de encontrar meios próprios para resolver a questão.

## Unidade 3

- Mariângela Bueno e Sonia Dreyfuss. **Paula de São Paulo**. São Paulo: Callis, 1999.

    A história da fundação da cidade de São Paulo é contada em um diálogo entre avó e neta. Tudo começa quando Paula decide fazer uma visita à avó e, mexendo nas coisas dela, abre um livro e centenas de triângulos de papel prateado caem em sua cabeça.

## Unidade 4

- Wolfgang Slawski. **O trem da amizade**. São Paulo: Brinque-Book, 1998.

    Desde pequenos, sabemos que os amigos são preciosos. Muitas crianças logo encontram os seus. Outras têm dificuldades de se relacionar. Assim é Artur. Todos os dias ele espera em vão na estação de trem alguém que o venha visitar. Um dia ele resolve procurar amigos em outras estações.

## Unidade 5

- Camila Franco, Jarbas Agnello e Marcelo Pires. **Liga-Desliga**. São Paulo: Companhia das Letrinhas, 1992.

    "Era uma vez uma televisão que não saía da frente de um menino." Assim começa esta história, que inverte uma relação tão comum hoje em dia, tratando de forma bem-humorada o espaço que a televisão ocupa na vida das crianças.

## Unidade 6

- Ana Maria Machado. **Procura-se Lobo**. São Paulo: Ática, 2005.

    "Procura-se lobo" é o anúncio que atrai a atenção de Manuel Lobo. Mas, além dele, outros lobos famosos, como o da Chapeuzinho Vermelho, respondem ao anúncio. Contratado para responder a cartas, Manuel Lobo cumpre a missão de alertar o mundo sobre o risco da extinção dos lobos.

## Unidade 7

- Daniel Munduruku. **Kabá Darebu**. São Paulo: Brinque-Book, 2002.

    Kabá Darebu é um menino indígena que conta, com sabedoria e poesia, o jeito de ser da sua gente, os Munduruku. Ele fala dos hábitos e dos costumes de seu povo e vai dando detalhes que revelam o respeito à natureza e à mãe Terra.

## Unidade 8

- Ricardo Azevedo. **Um homem no sótão**. São Paulo: Ática, 2001.

    Cansados de interpretar sempre os mesmos papéis, conhecidos personagens de contos de fada se revoltam e tiram o sossego de um autor de literatura infantil.